임대차 3법에 의한!

주택임대차 계약에서 종료까지

편저: 김용환

법문 북스

임대차 3법에 의한!

주택임대차 계약에서 종료까지

편저: 김용환

법문 북스

머 리 말

흔히 인간 생활의 3대요소를 통틀어 의식주라고 말합니다. 의식주는 옷과 음식과 집을 통틀어 말하는 것입니다. 이 중에서도 집, 즉 주거는 작은 공간에서부터 넓은 공간까지 개인 혹은 가족이 생활을 영위하는 장소라고 말할 수 있습니다. 오늘날에는 인구수가 많아지면서 주거에 대한 관심이 더욱 많아졌고, 이와 동시에 사람들이 주택임대차 계약을 체결하는 경우도 많아졌습니다.

이 때문에 최근 정부는 부동산 거래시 발생하는 여러 문제에 대한 대책으로 임대차 3법을 도입했고 지난 2020년 7월 31일부터 시행되고 있습니다. 임대차 3법은 전월세신고제·전월세상한제·계약갱신청구권제 등을 핵심으로 하는 '주택임대차보호법' 개정안과 '부동산 거래신고 등에 관한 법률' 개정안을 말합니다.

이 개정안의 시행으로 세입자는 추가 2년의 계약 연장을 요구할 수 있고, 집주인은 자신이 실거주하는 사정 등이 없으면 이를 받아들여야 합니다. 이때 임대료는 직전 계약액의 5%를 초과해 인상할 수 없습니다.

본서는 개정된 주택임대차 계약에 어려움을 겪는 일반인들에게 주택임대차의 계약부터 종료까지 쉽게 전달할 목적으로 집필되었습니다. 임대차 3법 도입으로 인한 개정사항을 다루고 있고, 이해를 돕기 위해 구체적인 질의응답과 사례도 수록하였습니다.

주택임대차는 사회적으로 관심이 높고, 사람이 한평생 살아가면서 여러 번 체결해야 하는 계약 중 하나이기 때문에, 아무쪼록 이 책을 발판삼아 주택임대차 계약을 체결하신다면 손해보는 일 없이 계약을 체결하실 수 있으리라 생각합니다.

마지막으로 집필을 도와주신 법문북스 김현호 대표와 편집팀 여러분께 감사드립니다.

2021.

편저자 드림

목 차

제1장 주택임대차란 무엇인가요?

제2장 주택임대차 계약

제3장 이사

제4장 입주생활

제5장 임대차관계 종료

〈부 록〉

제1장
주택임대차란 무엇인가요?

제1장 주택임대차란 무엇인가요?

제1절 주택임대차 개관

1. 타인 주택의 이용 형태

다른 사람의 주택을 이용하는 방법에는 일반적으로 다음과 같이 네 가지의 형태로 구분할 수 있습니다(「민법」 제303조 및 제618조 참조).

구분	내용	법률상 의미
전세권	전세금을 주고, 전세권 등기를 하고 다른 사람의 주택을 이용하는 방법	전세권
전세(미등기 전세)	전세금을 주고 차임을 주지 않으나, 등기를 하지 않고 다른 사람의 주택을 이용하는 방법	임대차
반전세 또는 월세	보증금을 주고, 차임도 매월 지급하여 다른 사람의 주택을 이용하는 방법	임대차
사글세	임차기간 동안의 차임 전부를 미리 지급하고 다른 사람의 주택을 이용하는 방법	임대차

2. 전세권

전세권 제도는 대한민국의 특이한 부동산 제도입니다. 전세권이 성립하면 동시에 일정한 전세금을 전세권자가 전세권 설정자(부동산의 소유자)에게 지급하게 되고, 전세권자는 일정기간동안 해당 부동산을 사용할 권리를 얻고, 그 사용대가는 전세권설정자가 전세금의 이자수입으로 충당하는 것입니다. 이는 한국전쟁 이후 주택 부족이라는 한국의 특수한 상황 하에 발전된 제도입니다.

3. 임대차

임대차(賃貸借)는 당사자의 일방(임대인)이 상대방(임차인)에게 목적물을 사용·수익할 수 있게 약정하고, 상대방이 그 대가로서 차임을 지급할 것을 약정함으로써 성립하는 계약입니다. 임대차계약은 유상계약, 쌍무계약, 낙성계약, 계속적 계약에 속하게 됩니다.

4. 전세권과 임대차의 비교

구 분	전세권	임대차
성질	물권	채권
등기 여부	필수	선택적
사용대가의 지급 방법	전세금 지급 (「민법」 제303조제1항)	보증금 또는 월차임 지급 (「민법」 제618조)
양도 및 전대 가능 여부	임대인의 동의 없이 가능 (「민법」 제306조)	임대인의 동의가 필요 (「민법」 제629조)

5. 「주택임대차보호법」의 우선 적용 등

① 주택의 임대차관계에 대해서는 「주택임대차보호법」의 규정이 우선적으로 적용되고, 「주택임대차보호법」에 규정되어 있지 않은 사항에 대해서는 「민법」의 임대차규정이 적용됩니다(「주택임대차보호법」 제1조 및 제2조 참조).

② 주택임대차계약도 계약이므로 계약당사자에 의해 자유롭게 그 내용을 정할 수 있습니다. 그러나 「주택임대차보호법」에 위반한 약정으로 임차인에게 불리한 것은 그 효력이 없습니다(「주택임대차보호법」 제10조).

제2절 주택임대차보호법

1. 「주택임대차보호법」의 적용

1) 「주택임대차보호법」의 의미

① 주택의 임대차는 임대인이 임차인에게 주택을 사용·수익하게 하고, 임차인이 이에 대한 대가로서 차임을 지급한다는 점에 합의가 있으면 성립됩니다.

② 그러나 「민법」에 따른 임대차계약의 규정으로는 경제적 약자인 임차인의 권리를 보호하기 어려운 면이 많았고, 이를 보완하기 위해 「민법」의 특별법으로 「주택임대차보호법」이 제정되었습니다.

③ 주택임대차는 당사자간 합의에 의해 성립되는 계약임에도 불구하고, 「주택임대차보호법」을 위반하여 임차인에게 불리한 것은 효력이 없습니다.

2) 「주택임대차보호법」의 보호 대상

(1) 자연인

「주택임대차보호법」은 자연인인 국민의 주거생활의 안정을 보장함을 목적으로 하기 때문에, 그 보호 대상은 원칙적으로 대한민국의 국적을 가진 사람입니다.

자연인이란?
인(人)은 민법에서 규정하는 법률행위에 의해 발생하는 권리와 의무의 주체입니다. 인은 자연적 생물로서의 사람인 자연인과 법으로부터 인격을 부여받은 법인으로 나뉘게 됩니다. 민법총칙에서는 자연인의 권리능력과 행위능력을 다룹니다. 법인은 특정한 목적을 가진 재산의 모임인 재단법인과 특정한 목적을 가진 사람의 모인인 사단법인으로 나뉘게 됩니다.

(2) 외국인 및 재외동포

① 「주택임대차보호법」의 보호 대상은 대한민국 국적을 가진 자연인이므로, 외국인은 원칙적으로 「주택임대차보호법」의 보호 대상이 될 수 없습니다. 그러나 주택을 임차한 외국인이 전입신고에 준하는 체류지 변경신고를 했다면 예외적으로 「주택임대차보호법」의 보호 대상이 됩니다.

② 재외동포가 장기체류하면서 주택을 임대차하는 때에는 「주택임대차보호법」의 보호대상이 됩니다. 이를 위해 재외동포는 국내에 거소를 정하여 지방출입국·외국인관서의 장에게 신고를 하고, 국내거소가 변경되는 경우에는 새로운 거소를 관할하는 시·군·구(자치구가 아닌 구 포함) 또는 읍·면·동의 장이나 지방출입국·외국인관서의 장에게 14일 이내에 신고해야 합니다.

재외동포란?
재외동포란 대한민국의 국민으로서 ① 외국의 영주권을 취득한 사람 또는 영주할 목적으로 외국에 거주하고 있는 사람(재외국민), ② 출생에 의하여 대한민국의 국적을 보유했던 사람(대한민국정부 수립 전에 국외로 이주한 동포 포함)으로서 외국국적을 취득한 사람 또는 ②에 해당하는 사람의 직계비속으로서 외국국적을 취득한 사람을 말합니다(「재외동포의 출입국과 법적 지위에 관한 법률」 제2조 및 「재외동포의 출입국과 법적 지위에 관한 법률 시행령」 제3조).

(3) 법인

법인은 특별한 사정이 없는 한 「주택임대차보호법」의 보호를 받지 못합니다.

① 법인이 「주택임대차보호법」의 보호를 받기 위해 주민등록을 자신의 명의로 할 수 없을 뿐만 아니라, 사원 명의의 주민등록으로 대항력을 갖추어도 이를 법인의 주민등록으로 인정할 수 없기 때문입니다.

② 예외적으로, 한국토지주택공사와 주택사업을 목적으로 설립된 지방공사는 「주택임대차보호법」의 보호대상이 됩니다.

③ 또한, 규제「중소기업기본법」 제2조에 따른 중소기업에 해당하는 법인이 소속 직원의 주거용으로 주택을 임차한 후 그 법인이 선정한 직원이 해당 주택을 인도받고 주민등록을 마쳤을 때에는 그 다음 날부터 제3자에 대하여 효력이 생깁니다. 임대차가 끝나기 전에 그 직원이 변경된 경우에는 그 법인이 선정한 새로운 직원이 주택을 인도받고 주민등록을 마친 다음 날부터 제3자에 대하여 효력이 생깁니다.

<관련판례> 부당이득금반환[대법원 1997. 7. 11., 선고, 96다7236, 판결]
【판결요지】 주택 임차인이 주택임대차보호법 제3조의2 제1항 소정의 우선변제권을 주장하기 위하여는 같은 법 제3조 제1항 소정의 대항요건과 임대차계약증서상의 확정일자를 갖추어야 하고, 그 대항요건은 주택의 인도와 주민등록을 마친 때에 구비된다 할 것인바, 같은 법 제1조는 "이 법은 주거용 건물의 임대차에 관하여 민법에 대한 특례를 규정함으로써 국민의 주거생활의 안정을 보장함을 목적으로 한다."라고 규정하고 있어 위 법이 자연인인 서민들의 주거생활의 안정을 보호하려는 취지에서 제정된 것이지 법인을 그 보호 대상으로 삼고 있다고는 할 수 없는 점, 법인은 애당초 같은 법 제3조 제1항 소정의 대항요건의 하나인 주민등록을 구비할 수 없는 점 등에 비추어 보면, 법인의 직원이 주민등록을 마쳤다 하여 이를 법인의 주민등록으로 볼 수는 없으므로, 법인이 임차 주택을 인도받고 임대차계약서상의 확정일자를 구비하였다 하더라도 우선변제권을 주장할 수는 없다.

3) 「주택임대차보호법」의 적용 범위

(1) 주택의 임대차

① 「주택임대차보호법」은 주택, 즉 주거용 건물의 전부 또는 일부에 대해 임대차하는 경우에 적용되고, 그 임차주택의 일부를 주거 외의 목적으로 사용하는 경우에도 적용됩니다.

② 주거용 건물에 해당되는지 여부는 임대차 목적물의 공부상의 표시만을 기준으로 하는 것은 아니고, 그 실제 용도에 따라서 합목적적으로 판단합니다(대법원 1996. 3. 12. 선고 95다51953 판결).

- 예를 들어, 임차인의 점유부분 중 영업용 휴게실 설비로 예정된 홀 1칸이 있지만, 그 절반가량이 주거용으로 쓰이는 방 2칸, 부엌 1칸, 화장실 1칸, 살림용 창고 1칸, 복도로 되어 있고, 그 홀마저 각방의 생활공간으로 쓰이고 있는 경우에는 주거용 건물로 「주택임대차보호법」이 적용됩니다(대법원 1987. 8. 25. 선고 87다카793 판결).
- 그러나 여관의 방 하나를 내실로 사용하는 경우(대법원 1987. 4. 28. 선고 86다카2407 판결) 등 비주거용 건물에 주거의 목적으로 소부분을 사용하는 경우에는 「주택임대차보호법」의 보호대상에서 제외될 수도 있습니다.

③ "주거용 건물"여부의 판단 시기는 임대차계약을 체결하는 때를 기준으로 합니다. 임대차계약 체결 당시에는 주거용 건물부분이 존재하지 아니하였는데 임차인이 그 후 임의로 주거용으로 개조한 경우에는 「주택임대차보호법」의 적용대상이 되지 않습니다(대법원 1986. 1. 21. 선고 85다카1367 판결).

④ 주거용 건물이면 무허가 건물이나 미등기 건물을 주거를 목적으로 임대차 하는 경우에도 「주택임대차보호법」이 적용됩니다(대법원 1987. 3. 24. 선고 86다카164 판결). 다만, 무허가 건물이 철거되는 경우에는 보증금을 돌려받기 힘들어지므로 주의할 필요가 있습니다.

(2) 미등기 전세

「주택임대차보호법」은 전세권등기를 하지 않은 전세계약(미등기 전세)에도 적용됩니다.

(3) 「민법」에 따른 임대차 등기

「주택임대차보호법」은 주택에 대해 「민법」에 따라 임대차등기를 한 경우 주택의 임대차에 인정되는 대항력과 우선변제권에 관한 규정이 준용됩니다.

4) 「주택임대차보호법」의 적용 제외

(1) 일시 사용을 위한 임대차

일시 사용을 위한 임대차임이 명백한 경우에는 「주택임대차보호법」이 적용되지 않습니다. 예를 들어, 숙박업을 경영하는 자가 투숙객과 체결하는 숙박계약은 일시 사용을 위한 임대차이므로 「주택임대차보호법」이 적용되지 않습니다(대법원 1994. 1. 28. 선고 93다43590 판결).

2. 「주택임대차보호법」의 주요내용

1) 대항력

임대차는 그 등기가 없더라도, 임차인이 ① 주택의 인도와 ② 주민등록을 마친 때에는 그 다음 날부터 제3자, 즉 임차주택의 양수인, 임대할 권리를 승계한 사람, 그 밖에 임차주택에 관해 이해관계를 가지고 있는 사람에게 임대차의 내용을 주장할 수 있는 대항력이 생깁니다.

2) 우선변제권

임차인은 ① 대항요건(주택의 인도 및 전입신고)과 ② 임대차계약증서상의 확정일자를 갖춘 경우에는 임차주택이 경매 또는 공매되는 경우 임차주택의 환가대금에서 후순위권리자나 그 밖의 채권자보다 우선하여 보증금을 변제받을 권리인 우선변제권을 취득합니다.

임차권은 채권이므로 원칙적으로는 담보권자가 우선배당을 받을 후 배당금이 남으면 채권자들과 그 채권금액에 비례해 배당을 받게 되지만, 주택임차인은 대항력을 갖추고, 임대차계약증서에 확정일자를 받으면, 확정일자일을 기준으로 담보권자와 선후를 따져서 후순위의 담보권자보다 우선하여 배당을 받을 수 있도록 하고 있습니다.

3) 임대차 존속기간의 보장

① 주택의 임대차 존속기간은 최단 2년입니다. 따라서 임대차 기간을 정하지 않았거나 2년 미만으로 정한 때에도 최소한 2년의 임대차 기간은 보장됩니다. 다만, 임차인은 2년 미만으로 정한 기간이 유효함을 주장할 수 있습니다.

② 계약이 갱신된 경우에도 임대차의 존속기간은 2년이며, 계약이 갱신되는 경우에도 임차인은 언제든지 임대인에게 계약해지를 통지할 수 있습니다.

③ 임차인은 임대인에게 주택임대차계약을 해지하겠다는 의사를 통지하고, 임대인이 그 통지를 받은 날로부터 3개월이 지나면 계약해지의 효과는 발생합니다.

④ 임차인은 임대차기간이 끝나기 6개월 전부터 2개월(2020년 12월 10일 이후 최초로 체결되거나 갱신된 임대차부터 적용됨) 전까지의 기간에 임대인에게 계약갱신을 요구할 수 있으며, 임대인은 정당한 사유 없이 거절하지 못합니다.

4) 소액임차인의 최우선변제권의 인정

① 임차인은 임차보증금이 소액인 경우에는 경매신청 등기 전까지 주택의 인도와 주민등록을 마치면, 확정일자를 받지 않은 경우에도 보증금 중 일정액을 다른 담보물권자보다 우선하여 변제받을 수 있습니다.

② 보증금이 다음 금액 이하인 임차인은 우선변제를 받을 수 있습니다.
- 서울특별시: 1억1천만원
- 「수도권정비계획법」에 따른 과밀억제권역(서울특별시 제외), 세종특별자치시, 용인시 및 화성시: 1억원
- 광역시(「수도권정비계획법」에 따른 과밀억제권역에 포함된 지역과 군지역 제외), 안산시, 김포시, 광주시, 파주시: 6천만원
- 그 밖의 지역: 5천만원

③ 보증금 중 다음 이하 금액 이하를 우선변제 받을 수 있습니다.
- 서울특별시: 3천700만원
- 「수도권정비계획법」에 따른 과밀억제권역(서울특별시 제외), 세종특별자치시, 용인시 및 화성시: 3천400만원
- 광역시(「수도권정비계획법」에 따른 과밀억제권역에 포함된 지역과 군지역 제외), 안산시, 김포시, 광주시 및 파주시: 2천만원
- 그 밖의 지역: 1천700만원

5) 임차권등기명령제도

① 임차인은 임대차가 끝난 후 보증금을 반환받지 못한 경우 임차 주택의 소재지를 관할하는 법원에 단독으로 임차권등기명령을 신청할 수 있도록 하였습니다.

② 임차인은 임차권등기명령의 집행에 따른 임차권등기를 마치면 대항력과 우선변제권을 취득하며, 임차권등기 전에 이미 대항력이나 우선변제권을 취득한 임차인의 경우에는 그 대항력과 우선변제권이 그대로 유지되며, 임차권등기 이후에 대항요건을 상실하더라도 이미 취득한 대항력이나 우선변제권을 상실하지 않습니다.

6) 차임 증액 또는 보증금의 월차임으로 전환의 경우 제한

당사자는 약정한 차임이나 보증금이 임차주택에 관한 조세, 공과금, 그 밖의 부담의 증감이나 경제사정의 변동으로 인하여 적절하지 않게 된 때에는 장래에 대해 그 증감을 청구할 수 있습니다. 다만, 증액을 하는 경우 연 5%를 초과해 증액할 수 없습니다.

<임대차 3법 - 세입자 질문>

계약갱신요구권은 언제 쓸 수 있는 건가요?
• 임차인(세입자)은 임대차계약의 임대차기간이 끝나기 6개월 전부터 1개월 전까지 기간에 계약갱신 요구권을 행사할 수 있습니다. - '1개월 전까지'의 기간을 계산할 때에는 초일불산입 원칙에 따라 계약만료일 1개월 전에 해당하는 날의 0시전 까지 임대인(집주인)에게 계약갱신의 의사가 도달하여 야 합니다. - 예를 들어 계약만료일이 '20.9.30.인 경우 1개월 전인 '20.8.30. 0시('20.8.29. 24시)전 까 지 임대인에게 계약갱신의 의사가 도달해야 합니다. ※초일불산입 원칙 : 특정한 날짜나 계약기간 등을 계산할 때 첫날을 포함하지 않는 것을 말함 • '20.12.10. 이후 최초로 체결되거나 갱신된 임대차계약은 임대차기간이 끝나기 6개월 전부터 2개월 전까지의 기간에 계약갱신요구권을 행사하여야 합니다. - 예를 들어 새로운 '20.12.10.에 새로운 임대차 계약을 체결하거나 묵시적으로 갱신된 계약의 만료일이 '22.12.10.이라면, 만료일 2개월 전인 '22.10.10. 0시('22.10.9. 24시) 전까지 임대인에게 계약갱신의 의사가 도달해야 합니다.

Q. 계약갱신요구권은 몇 번 쓸 수 있나요?

계약갱신요구권은 1회에 한하여 행사가능하며, 갱신되는 임대차의 존속기간은 2년으로 봅니다.

<주택임대차보호법>
제6조의3(계약갱신 요구 등) ① 제6조에도 불구하고 임대인은 임차인이 제6조제1항
전단의 기간 이내에 계약갱신을 요구할 경우 정당한 사유 없이 거절하지 못한다. 다
만, 다음 각 호의 어느 하나에 해당하는 경우에는 그러하지 아니하다.
② 임차인은 제1항에 따른 계약갱신요구권을 1회에 한하여 행사할 수 있다. 이 경우 갱신되는 임대차의 존속기간은 2년으로 본다.

묵시적 갱신이 되어도 계약갱신요구권을 사용한 건가요?

계약이 묵시적으로 갱신된 경우에는 갱신요구권 행사로 보지 않습니다. 계약갱신요구권 행사는 해당 권리를 행사한다는 명확한 의사표시를 한 경우에 인정됩니다. 묵시적 갱신은 임대인, 임차인이 기존 계약을 종료하거나 조건을 변경한다는 등의 통지를 하지 않은 경우 기존의 임대차와 동일한 조건으로 다시 임대차가 이루어진 것으로 보는 제도입니다.

계약갱신요구권은 어떻게 사용하나요?

계약갱신요구권 행사방식에는 특별한 제한이 없습니다. 구두, 문자메시지, 이메일 등의 방법이 모두 가능하지만, 장래에 발생할 수 있는 분쟁 예방을 위해서는 내용증명 우편 등 증거를 남길 수 있는 방법을 활용하는 것이 안전합니다.

4년 넘게 살았는데 계약갱신요구권을 쓸 수 있나요?

- 4년 이상을 이미 거주한 경우에도 계약갱신요구권을 행사할 수 있습니다.
- 개정법률은 최대 4년의 주거를 보장하는 내용이 아니고, 1회에 한하여 기존의 계약을 2년 연장할 수 있도록 갱신요구권을 부여하는 것입니다.
- 따라서, 연장계약·묵시적 갱신 등의 사유로 이미 4년 이상 거주한 경우라도 현재의 임대차계약만료 6개월 전부터 1개월 전까지 갱신을 요구할 수 있습니다.

계약갱신기간 산정 등의 예시

- 법 개정(7.31.)전 합의 또는 묵시적 갱신으로 재계약된 경우
  - 2020.7.21.연장 시 2022.7.20.까지 2년간 계약기간 보장
  - 재계약 만료일로부터 6개월전에서 1개월전 사이에 계약갱신 요구권 사용가능
- 법 개정(7.31.)후 계약갱신요구권을 행사하여 재계약된 경우
  - 2020.10.16.연장 시 2022.10.15.까지 2년간 계약기간 보장
  - 재계약 만료 시 계약갱신요구권 행사할 수 없음

계약기간을 1년으로 했는데 더 살고 싶을 때는 어떻게 하나요?
• 2년 미만으로 정한 임대차기간은 그 기간을 2년으로 보므로 계약기간을 1년으로 정했어도 임대차기간 2년이 법에 의해 보장됩니다. • 이 경우, 2년의 임대차 기간이 끝나기 6개월 전부터 1개월 전까지 기간에 계약 갱신요구권을 행사할 수 있습니다.

계약갱신요구권을 쓴 후 이사를 가도 되나요?
계약갱신요구권 행사에 따라 갱신되는 임대차의 존속기간은 2년으로 보지만, 임차인은 언제든지 임대인에게 해지를 통보할 수 있습니다. 다만, 위 해지의 효력은 임대인이 그 통지를 받은 날부터 3개월 후에 발생합니다. ※임차인은 계약해지를 통보하더라도 계약만료 전이라면 3개월간 임대료 납부해야 함.

집주인이 계약갱신요구권을 거절할 수도 있나요?
아래 각 호에 해당하는 경우에는 거절할 수 있습니다. 제6조의3(계약갱신 요구 등) ① 제6조에도 불구하고 임대인은 임차인이 제6조제1항 전단의 기간 이내에 계약갱신을 요구할 경우 정당한 사유 없이 거절하지 못한다. 다만, 다음 각 호의 어느 하나에 해당하는 경우에는 그러하지 아니하다. 1. 임차인이 2기의 차임액에 해당하는 금액에 이르도록 차임을 연체한 사실이 있는 경우 2. 임차인이 거짓이나 그 밖의 부정한 방법으로 임차한 경우 3. 서로 합의하여 임대인이 임차인에게 상당한 보상을 제공한 경우 4. 임차인이 임대인의 동의 없이 목적 주택의 전부 또는 일부를 전대(轉貸)한 경우

5. 임차인이 임차한 주택의 전부 또는 일부를 고의나 중대한 과실로 파손한 경우
6. 임차한 주택의 전부 또는 일부가 멸실되어 임대차의 목적을 달성하지 못할 경우
7. 임대인이 다음 각 목의 어느 하나에 해당하는 사유로 목적 주택의 전부 또는 대부분을 철거하거나 재건축하기 위하여 목적 주택의 점유를 회복할 필요가 있는 경우
 가. 임대차계약 체결 당시 공사시기 및 소요기간 등을 포함한 철거 또는 재건축 계획을 임차인에게 구체적으로 고지하고 그 계획에 따르는 경우
 나. 건물이 노후·훼손 또는 일부 멸실되는 등 안전사고의 우려가 있는 경우
 다. 다른 법령에 따라 철거 또는 재건축이 이루어지는 경우
8. 임대인(임대인의 직계존속·직계비속을 포함한다)이 목적 주택에 실제 거주하려는 경우
9. 그 밖에 임차인이 임차인으로서의 의무를 현저히 위반하거나 임대차를 계속하기 어려운 중대한 사유가 있는 경우

집주인이 거짓으로 계약갱신요구권을 거절하면 어떻게 하나요?

• 임대인이 계약갱신요구의 거절 후 목적주택에 거주하다가 제3자에게 임대를 한 경우
- 갱신요구가 거절되지 않았다면 계약이 갱신되었을 기간(2년)이 지나기 전에 제3자에게 임대한 경우 원칙적으로 임대인은 종전 임차인이 입은 손해를 배상하여야 합니다.
- 다만, 예외적으로 정당한 사유가 존재하는 경우 손해배상 책임을 면할 수 있을 것입니다.
- 정당한 사유는 갱신거절 당시 예측할 수 없었던 사정으로 제3자에

게 임대할 수밖에 없는 불가피한 사유를 의미합니다.

- 가령 실거주를 하던 직계존속이 갑자기 사망한 경우, 실거주 중 갑자기 해외 주재원으로 파견되는 경우 등 갱신거절 당시 예측할 수 없었던 불가피한 사유를 의미합니다.

• 임대인의 직접 거주 사유가 허위인 경우, 임차인이 해당 사실을 확인할 수 있는 방법

- 정부는 갱신거절 임차인이 해당 물건의 전입세대 또는 확정일자 열람을 통해 임대인의 직접거주 또는 제3자 임대 등의 사실을 확인할 수 있도록 할 계획입니다.

집주인과의 다툼이 생겼을 때, 소송 외 다른 방법은 없나요?

• 임대차 관련 상담이 가능한 곳

- 변경된 주택임대차보호법에 대한 궁금증이 있다면 유관기관 대표 콜센터에서 상담이 가능하며, 방문 상담소에서는 변호사 등 전문가를 배치하여 무료 법률상담도 가능합니다. 콜센터에서 1차 상담을 진행한 후, 심도있는 추가 상담이 필요시 해당기관 담당 직원을 연결해 2차 상담을 진행합니다.

- 국토교통부 민원 콜센터, 대한법률구조공단, 서울시 다산 콜센터, 한국감정원 콜센터, 한국토지주택공사 콜센터, HUG 콜센터, 서울시 전월세보증금지원센터 등을 통해 전화상담이 가능하며 LH 서울지역본부, 경기지역본부 및 한국감정원 서울동부지사, 경기북부지사에서 방문 상담이 가능합니다. 상담 연락처는 [부록2]을 참고하십시오.

• 분쟁조정위원회가 설치된 곳

- 현재 대한법률구조공단 산하 6개 지소(서울, 수원, 대전, 대구, 부산, 광주), 서울시, 경기도에 주택임대차분쟁위원회가 설치되어 있으며 신속한 분쟁 해결을 위해 2021년까지 LH, 한국감정원에 추가로 설치할 예정입니다.

집주인이 바뀌어도 계약갱신요구권을 쓸 수 있나요?

• 실거주를 이유로 한 갱신거절 가능 여부는 임차인의 계약갱신요구 당시의 임대인을 기준으로 판단해야 합니다.

❶ 매수인이 임차주택의 소유권을 이전 받은 후에 임차인이 갱신요구를 한 경우에는 매수인이 임대인의 지위에서 실거주를 이유로 갱신거절이 가능하나,

❷ 임차인이 갱신거절사유가 없는 기존 임대인에게 계약갱신요구권을 행사한 후 소유권을 이전 받은 매수인은 본인의 실거주를 이유로 갱신거절을 할 수 없습니다.

• 주택임대차보호법 제6조의3제1항 제9호는 "그 밖에 임차인이 임차인으로서의 의무를 현저히 위반하거나 임대차를 계속하기 어려운 중대한 사유가 있는 경우"를 갱신거절 사유로 정하고 있는바,

- 임차인이 계약갱신요구권을 취득하여 행사할 수 있음에도 계약 만료일에 퇴거하기로 합의함에 따라 임대인이 제3자와 실거주를 위한 새로운 계약 관계를 맺은 경우 등
- 임대차 종료와 관련한 당사자 간 논의 경과 및 제3자와의 새로운 계약체결 여부 등 제반사정을 고려해 볼 때, 계약갱신이 부당하다고 볼 수 있는 특별한 사정이 인정될 수 있는 경우에는 임대인에게 정당한 갱신거절 사유가 있는 것으로 판단될 수 있을 것입니다.

집주인이 임대료 인상을 요구하면 무조건 올려줘야 하나요?

계약기간 중 임대료 증액은 현재의 임대료가 임차주택에 대한 조세, 공과금, 그 밖의 부담 증감이나 경제사정의 변동으로 인하여 적절하기 아니하게 된 때에는 장래를 향하여 증액을 청구할 수 있다는 것일 뿐 무조건 5%를 증액할 수 있는 것은 아닙니다. 증액을 청구하는 측에서 위와 같은 사유를 증명하여야 할 것입니다.

주택임대차보호법

제7조(차임 등의 증감청구권) ① 당사자는 약정한 차임이나 보증금이 임차주택에 관한 조세, 공과금, 그 밖의 부담의 증감이나 경제사정의 변동으로 인하여 적절하지 아니하게 된 때에는 장래에 대하여 그 증감을 청구할 수 있다. 이 경우 증액청구는 임대차계약 또는 약정한 차임이나 보증금의 증액이 있은 후 1년 이내에는 하지 못한다.

집주인이 전세 계약을 월세 계약으로 바꾸자고 해요

개정법률상 갱신되는 임대차는 전 임대차와 동일한 조건으로 다시 계약된 것으로 보므로 전세→ 월세 전환은 임차인 동의가 없는 한 곤란합니다. 다만, 동의에 의해 전환하는 경우에도 주택임대차보호법 제7조의 2에 따른 법정전환율 규정이 적용됩니다.

집주인이 전월세 상한제를 초과하는 금액으로 임대료를 올리자고 해요

- 임차인이 계약갱신요구권 행사할 경우 임대인과 임차인이 합의로 5%를 초과하는 갱신계약을 체결하더라도 효력이 인정될 수 없습니다. 주택임대차보호법 제10조 및 같은 법 제10조의 2는 이법에 위반된 약정으로서 임차인에게 불리한 것은 효력이 없고 초과 지급된 경우 반환을 청구할 수 있다고 규정하고 있습니다.
- 임차인이 계약갱신요구권을 행사하지 않는 경우 임대인과 합의하에 5%를 초과하여 임대료를 인상하는 새로운 임대차계약을 체결하는 것은 가능합니다. 이 경우 임차인은 차후에 계약갱신요구권을 1회 행사할 수 있습니다.

<임대차 3법 - 집주인 질문>

세입자가 동의하지 않으면 5%도 올릴 수 없나요?

- 계약갱신 시 차임증액은 임대인과 임차인이 협의를 통해 기존 차임의 5% 범위 내에서 할 수 있습니다.
- 다만 지자체는 지역별 임대차 시장 여건 등을 고려하여 5%의 범위에서 증액청구의 상한을 조례로 달리 정할 수 있습니다(법 제7조제2항).
- 당사자 간 합의가 이루어지지 않을 경우 임대인은 「주택임대차보호법」 제7조에 따른 통상적인 차임증감청구권 행사와 동일하게 임차주택에 대한 조세, 공과금, 그 밖의 부담 증감이나 경제사정의 변동으로 인하여 적절하지 아니함을 들어 증액 청구를 할 수 있고,
- 분쟁조정절차 등을 통해 그 요건이 충족된 것으로 인정되는 경우 증액이 될 수 있습니다.

세입자와 임대 보증금 등 계약 조건에 대한 합의가 잘 되지 않아요.

- 임대차 관련 상담이 가능한 곳
  - 변경된 주택임대차보호법에 대한 궁금증이 있다면 유관기관 대표 콜센터에서 상담이 가능하며, 방문 상담소에서는 변호사 등 전문가를 배치하여 무료 법률상담도 가능합니다. 콜센터에서 1차 상담을 진행한 후, 심도있는 추가 상담이 필요시 해당기관 담당 직원을 연결해 2차 상담을 진행합니다.
  - 국토교통부 민원 콜센터, 대한법률구조공단, 서울시 다산 콜센터, 한국감정원 콜센터, 한국토지주택공사 콜센터, HUG 콜센터, 서울시 전월세보증금지원센터 등을 통해 전화 상담이 가능하며 LH 서울지역본부, 경기지역본부 및 한국감정원 서울동부지사, 경기북부지사에서 방문 상담이 가능합니다.
- 분쟁조정위원회가 설치된 곳
  - 현재 대한법률구조공단 산하 6개 지소(서울, 수원, 대전, 대구, 부산, 광주), 서울시, 경기도에 주택임대차분쟁위원회가 설치되어 있으며 신속한 분쟁 해결을 위해 2021년까지 LH, 한국감정원에 추가로 설치할 예정입니다.

세입자와 합의 했다면 임대료를 5% 이상 올려도 되나요?

- 계약갱신요구권의 행사여부는 임차인의 의사에 달려 있으므로 임차인이 계약갱신요구권을 행사하지 않는 경우 임대인과 합의하에 5%를 초과하여 임대료를 인상하는 새로운 임대차계약을 체결하는 것은 가능합니다. 이 경우 임차인은 차후에 계약갱신요구권을 1회 행사할 수 있습니다.
- 다만, 임차인이 계약갱신요구권 행사할 경우에는 임대인과 임차인이 합의로 5%를 초과하는 갱신계약을 체결하더라도 효력이 인정될 수

없습니다. 주택임대차보호법 제10조 및 같은 법 제10조의 2는 이법에 위반된 약정으로서 임차인에게 불리한 것은 효력이 없고 초과 지급된 경우 반환을 청구할 수 있다고 규정하고 있습니다.

계약기간을 1년으로 했는데 1년에 5%씩 임대료를 올릴 수 있나요?

- 2년 미만으로 정한 임대차기간은 그 기간을 2년으로 보므로 계약기간을 1년으로 정했어도 임대차기간 2년이 법에 의해 보장됩니다.
- 이 경우, 2년의 임대차 기간이 끝나기 6개월 전부터 1개월 전까지 기간에 계약갱신요구권을 행사할 수 있습니다.

전세계약을 월세계약으로 바꾸고 싶어요.

개정법률상 갱신되는 임대차는 전 임대차와 동일한 조건으로 다시 계약된 것으로 보므로 전세→ 월세 전환은 임차인 동의가 없는 한 곤란합니다. 다만, 동의에 의해 전환하는 경우에도 주택임대차보호법 제7조의 2에 따른 법정전환율 규정이 적용됩니다.

세입자가 4년 넘게 살았는데 계약갱신요구권을 쓸 수 있나요?

- 4년 이상을 이미 거주한 경우에도 계약갱신요구권을 행사할 수 있습니다.
- 개정법률은 최대 4년의 주거를 보장하는 내용이 아니고, 1회에 한하여 기존의 계약을 2년 연장할 수 있도록 갱신요구권을 부여하는 것입니다.
- 따라서, 연장계약·묵시적 갱신 등의 사유로 이미 4년 이상 거주한 경우라도 현재의 임대차계약만료 6개월 전부터 1개월 전까지 갱신을 요구할 수 있습니다.

집을 팔려고 하는데 세입자가 계약갱신요구권을 쓴다면?

- 개정 전 주택임대차보호법 하에서도 임차인의 거주기간이 남아있는 경우 주택매도를 이유로 임차인을 내보낼 수 없었으며,
- 새로운 집주인이 매수한 주택에 입주를 원하는 경우 임차인의 잔여 거주기간을 모두 보장하고 난 이후에야 매수한 주택에 입주할 수 있었습니다.
- 임차인의 주거권 강화를 위한 개정 법의 취지와 계약갱신요구권의 법적 성격을 고려할 때 실거주를 이유로 한 갱신거절 가능 여부는 임차인의 계약갱신요구 당시의 임대인을 기준으로 판단해야 합니다.

세입자가 있는 집을 매매할 때 주의해야 할 점은?

- 정부는 집주인이 자신의 주택을 매도하거나 실거주 목적의 주택을 매입하는 경우 발생할 수 있는 거래상의 문제를 최소화할 수 있도록 노력하고 있습니다.
- 주택임대차보호법 제6조의3제1항 제9호는 “그 밖에 임차인이 임차인으로서의 의무를 현저히 위반하거나 임대차를 계속하기 어려운 중대한 사유가 있는 경우”를 갱신거절 사유로 정하고 있는바,

- 임차인이 계약갱신요구권을 취득하여 행사할 수 있음에도 계약 만료일에 퇴거하기로 합의함에 따라 임대인이 제3자와 실거주를 위한 새로운 계약 관계를 맺은 경우 등
- 임대차 종료와 관련한 당사자 간 논의 경과 및 제3자와의 새로운 계약체결 여부 등 제반사정을 고려해 볼 때, 계약갱신이 부당하다고 볼 수 있는 특별한 사정이 인정될 수 있는 경우에는 임대인에게 정당한 갱신거절 사유가 있는 것으로 판단될 수 있을 것입니다.

직접 거주를 이유로 갱신요구를 거절 후 새로운 세입자를 받아도 되나요?

- 임대인이 계약갱신요구의 거절 후 목적주택에 거주하다가 제3자에게 임대를 한 경우

- 갱신요구가 거절되지 않았다면 계약이 갱신되었을 기간(2년)이 지나기 전에 제3자에게 임대한 경우 원칙적으로 임대인은 종전 임차인이 입은 손해를 배상하여야 합니다.
- 다만, 예외적으로 정당한 사유가 존재하는 경우 손해배상 책임을 면할 수 있을 것입니다.
- 정당한 사유는 갱신거절 당시 예측할 수 없었던 사정으로 제3자에게 임대할 수밖에 없는 불가피한 사유를 의미합니다.
- 가령 실거주를 하던 직계존속이 갑자기 사망한 경우, 실거주 중 갑자기 해외 주재원으로 파견되는 경우 등 갱신거절 당시 예측할 수 없었던 불가피한 사유를 의미합니다.

- 임대인의 직접 거주 사유가 허위인 경우, 임차인이 해당 사실을 확인할 수 있는 방법

- 정부는 갱신거절 임차인이 해당 물건의 전입세대 또는 확정일자 열람을 통해 임대인의 직접 거주 또는 제3자 임대 등의 사실을 확인할 수 있도록 할 계획입니다.

계약갱신거절 후 실거주하다가 집을 팔거나 공실로 둬도 되나요?

• 임대인이 실거주를 사유로 갱신거절을 한 후 공실로 비워 둔 경우 주택임대차보호법 위반으로 손해배상책임 여부

- 임대인이 실거주를 사유로 갱신거절을 한 후 주택을 공실로 비워둔 것이 실거주 의사없이 허위로 갱신거절한 것으로 판단될 경우에는 주택임대차보호법 위반에 따른 민법 제750조 일반불법행위 책임을 지게 될 수 있습니다.

*제3자에게 임대한 것은 아니므로 주택임대차보호법 제6조의3제5항의 법정손해배상책임의 대상은 아닙니다.

- 다만 집주인이 입주를 하기 위해 주택수선이나 인테리어 공사를 하는 경우, 거주하던 직계존속이 사망한 경우 등으로 불가피하게 일시적으로 공실로 둘 수밖에 없었던 경우 등에는 손해배상의 요건 중 위법성이 인정되지 않아 손해배상책임을 면할 수 있을 것입니다.

세입자의 계약갱신요구권 사용 여부는 어떻게 확인하나요?

계약갱신요구권 행사방식에는 특별한 제한이 없습니다.

- 구두, 문자메시지, 이메일 등의 방법이 모두 가능하지만, 장래에 발생할 수 있는 분쟁예방을 위해서는 내용증명 우편 등 증거를 남길 수 있는 방법을 활용하는 것이 안전합니다.

<임대차 3법 - 구체적인 상담사례>

보증금 또는 월세 5% 상한제
Q. 안녕하세요? 제가 2019. 9월경 오피스텔 전세 1년 계약을 해서 사는 중입니다. 집주인분이 이번에 재계약 시 전세금 5%를 인상하겠다고 하셨습니다. 5% 인상을 거절하면 나가야한다고 하셨습니다. 이번에 주택임대차보호법에서 전세금 인상은 2년 살고 나서 재계약하는 경우에 5% 증액이 되는 것으로 알고 있어요. 이런 임대인의 주장은 맞는 건지요?
A. 주택임대차보호법 제4조 제1항에 따르면 2년 미만으로 정한 임대차는 그 기간을 2년으로 보게 됩니다. 따라서 1년 계약의 경우 2년을 주장하실 수 있고, 그 경우 기존 조건대로 1년 더 살 수 있습니다. 단 임차인이 2년 주장하더라도 계약 후 1년이 지난 경우라면 임대인은 주택임대차보호법 제7조에 따라 약정한 차임이나 보증금이 임차주택에 관한 조세, 공과금, 그 밖의 부담의 증감이나 경제사정의 변동으로 인하여 적절하지 아니하게 된 때라 주장하며, 장래에 대하여 5% 이내에서 그 증액을 청구할 수 있습니다. 즉 계약기간 도중에도 5% 이내 증액을 임대인이 요구할 수는 있습니다. 다만, 2019.9.에 전세계약을 체결하였으므로 2년의 계약기간이 보장됨에 따라 2021.9.까지 거주하실 수 있으며, 세입자가 5% 인상을 거절했을 경우 퇴거하여야 하는 것은 아닙니다. 그리고 귀하께서 언급하신 사안은 2년 임대차계약을 하고 만기 6개월 전에서 1개월 전까지 갱신요구권을 행사하는 경우입니다. 이 경우에도 5% 상한제가 적용됩니다.

갱신요구권의 행사 시기 등
Q. 안녕하세요. 현재 4년째 전세계약에 따라 서울 OO구에 거주하고 있습니다. 최근 계약 만료가 가까워서 전세금을 4천만 원(5% 초과) 올리기로 구두합의하고 8월 20일 만나서 재계약서를 작성했습니다. 하지만 계약 이후 주변 사람들에게 물어보니 최근 변경 된 임대차법에 따라 5% 내에서 협의해야 되고 법에 저촉되는 계약이니 효력이 없다는 내용을 알게 됐습니다. 그래서 개정된 법에 맞춰서 다시 계약을 해야 된다고 집주인에게 설명하니, 종전대로 계약하지 않으면 재계약을 하지 않겠다고 합니다. 그리고 갑자기 자기들이 살 거라며 계약만료일인 8월 25일이 며칠 안 남은 상황에서 퇴거하라고 합니다. 현재 어떻게 대응해야 하는지, 또한 재계약 의사가 없다면 한 달 전까지 임차인에게 통보해야 되는 것으로 알고 있습니다. 계약 만료 일주일 전에 재계약 의사를 번복하게 되면 묵시적 갱신으로 현 계약이 자동연장되는 게 아닌지도 궁금합니다.
A. 개정 주택임대차보호법이 시행(2020. 7. 31.)된 후 모든 갱신계약에 보증금 등에 대한 5% 상한제가 적용되는 것은 아니며, 계약갱신요구권을 행사한 경우여야만 5% 상한제가 적용됩니다. 그리고 계약갱신요구권은 주택임대차보호법 제6조의3 제1항에 따라 계약만기 1개월 전까지 행사하셔야 합니다. 그런데 사안의 경우 계약만기 1개월 전이 아닌 상황이므로 계약갱신요구권을 행사할 수 없으며, 이에 따라 5% 상한제도 적용되지 않습니다. 그리고 묵시적 갱신은 계약만기 1개월 전까지 갱신거절 등의 의사표시를 양 당사자 중 어느 누구도 하지 않은 경우이어야 합니다. 이 사안에서 묵시적 갱신이 되었다고 하더라도, 만기 전에 별도 합의(재계약서 작성)가 있었으므로 묵시적 갱신도 주장하기 어려워 보입니다.

세입자가 법인이 경우 계약갱신요구권 행사 여부

Q. 임대차3법 관련하여 문의드립니다. 저는 OO회사 OOO 팀장입니다. 저희 회사는 서울 소재 아파트를 전세계약하여 직원들에게 사택으로 제공하고 있습니다. 최근 주택임대차보호법이 개정되면서 전세계약 만료 시 임차인이 계약갱신청구권을 행사하면 전세보증금을 5% 한도 내에서 연장을 요구할 수 있다고 알고 있습니다. 임대인(개인)에 따르면 법인은 주택임대차보호법을 적용받지 않기 때문에 계약갱신청구권(전세보증금 5% 한도 내 인상)을 적용받지 않는다고 주장합니다. 이와 관련하여 법인이 계약갱신청구권이 되는지에 대해 이곳저곳에 문의하였으나 혼란이 있는 거 같습니다. 전세계약 시 임차인은 OO회사이며 전세권설정을 통해 대항력을 갖추고 있고, 입소자인 회사원은 전입신고 등을 하였습니다. 문의드릴 내용은 1. 법인이 임차보증금 5% 이내에서 계약갱신청구권을 청구할 수 있는지 여부와 2. 동 판단에 대한 법적 근거 등을 상세히 알려주시기 바랍니다.

A. 법인은 주택임대차보호법에 따른 계약갱신요구권을 행사할 수 없고, 따라서 5% 상한제도 적용되지 않습니다. 주택임대차보호법 제1조에 따르면 "이 법은 주거용 건물의 임대차(賃貸借)에 관하여 「민법」에 대한 특례를 규정함으로써 국민 주거생활의 안정을 보장함을 목적으로 한다."라고 하여, 자연인을 보호대상으로 하고 있기 때문입니다.(국토교통부·법무부, 2020. 7. 31. 개정 『주택임대차보호법』 해설집, 2020. 8., 4면). 다만, 예외적으로 한국토지주택공사와 주택사업을 목적으로 설립된 지방공사, 「중소기업기본법」 제2조에 따른 중소기업에 해당하는 법인이 임차인인 경우에는 일정 요건 하에 대항력이 인정됩니다.(국토교통부·법무부, 2020. 7. 31. 개정 『주택임대차보호법』 해설집, 2020. 8., 36면).

민간임대주택의 세입자는 갱신요구권을 행사할 수 있는지?
Q. 저는 보증금 3억 원에 임대차기간 만기가 2020.10.인 세입자인데, 임대인이 2020.8.에 전화로 보증금을 1억 원 증액 해 달라고 연락해 왔습니다.임대인 말에 의하면 2019.8.에 민간임대사업자를 등록하였으므로 등록 후 최초 보증금을 임대인이 임의로 정할 수 있다고 하면서 보증금을 1억 원 증액해 주지 않으면 재계약하지 못한다고 하였습니다. 이 경우 저는 어떻게 하여야 하는지요?
A. 국토교통부와 법무부에서 발간한 '2020.7.31. 개정 「주택임대차보호법」해설집'에서 민간임대주택에 관한 특별법상 임차인이라고 하더라도 주택임대차보호법상의 계약갱신 요구권이 배제되지 않고, 임차인이 계약갱신요구권을 행사하였다면 그 효과는 주택임대차보호법에 의하여야 하므로, 임대료 인상률 상한 5%가 적용되는 것으로 보아야 한다고 설명하고 있습니다.따라서 귀하께선 임대차기간 만료일로부터 6개월 전부터 1개월 전까지의 기간에 임대인에게 '계약갱신요구권'을 행사하면 임대인이 거절할 사유가 없는 이상 계약갱신이 되어 2년간 더 거주할 수 있게 됩니다. 그리고 이때 보증금 증액은 5% 이내에서 임대인과 임차인 간의 합의에 의하여 정하면 됩니다.

보증금을 월세로 받고 싶은데 어떻게 해야 하는지?
Q. 보증금 1억 원에 월세 100만 원으로 임대 중인데, 세입자가 계약갱신요구권을 사용하여 보증금과 월세를 5% 올리기로 하였습니다. 그런데, 증액된 보증금을 월세로 받으려고 하는데, 어떻게 해야 하는지요?
A. 세입자가 계약갱신요구권을 집주인(임대인)에게 사용한 경우 보증금과 월세는 5% 이내에서 올릴 수 있는데, 집주인과 세입자간에 5% 증액하기로 합의하였으므로 보증금은 500만 원 증액되고, 월세는 5만 원 증액됩니다.그런데 증액된 보증금 500만 원을 월세로 전환하는 것을 세입자가 동의한 경우에는 보증금을 월세로 받을 수 있습니다. 보증금을 월세로 전환할 경우 주택임대차보호법 제7조의2 및 같은 법 시행령 제9조에 의하여 대통령령으로 정하는 이자율 2%와 한국은행이 고시하는 기준금리(현재 0.5%)를 합한 연 2.5%가 전환율이 되고, 이 경우 5,000,000×2.5%÷12개월≒10,400원으로 계산됩니다.따라서 보증금과 월세를 5% 증액하고, 증액된 보증금을 월세로 전활 할 경우 보증금 1억 원에 월세는 1,060,400원(1,000,000원+증액한 50,000원+전환한 10,400원)이 됩니다.

주택매매와 계약갱신요구권의 관계
현재 세입자가 거주 중인 임대주택을 매도하려고 하는 것과 관련하여 아래와 같이 질의 함 1. 매매계약을 체결한 후에 세입자가 계약갱신요구권을 쓰면 어떻게 되는지요? 2. 세입자가 이사 간다고 하여(갱신거절 통지) 주택 매매계약을 체결하였는데, 세입자가 이를 번복하여 계약갱신요구권을 행사하면 어떻게 되는지요? 3. 임대차기간 만기일로부터 6개월 전까지 매매하면 문제가 없다는데 무슨 뜻인지요?
1번 질의에 대하여 : 계약갱신거절사유는 세입자가 갱신요구권을 행사할 때를 기준으로 판단하므로 주택매매계약을 체결하고, 등기가 이전되기 전에 세입자가 갱신요구하였다면 기존의 집주인(매도인)은 실거주를 사유로 갱신을 거절할 수 없으므로 계약갱신은 되었으며, 매수인은 임대인의 지위를 승계하게 되어 세입자의 계약갱신 된 임차권을 승계하게 됩니다. 2번 질의에 대하여 : 국토교통부와 법무부 보도설명자료('20.9.16)에 의하면, 임차인이 갱신요구권을 행사하지 않고 퇴거하기로 합의하여 이를 믿고 실거주 목적의 제3자와 매매계약 등을 체결한 경우 당사자 간의 논의 경과 및 제3자와의 새로운 계약체결 여부 등 구체적인 상황에 따라 주택임대차보호법 제6조의3제1항제9호의 임대차를 계속하기 어려운 중대한 사유에 포함될 수 있을 것이라고 설명하고 있습니다. 따라서 세입자가 이사 간다는 합의(또는 세입자의 갱신거절 통지)를 믿고 제3자와 매매계약을 체결한 경우 세입자가 이를 번복하여 갱신요구할 때 집주인은 갱신요구를 거절할 수 있을 것으로 보입니다. 다만, 분쟁이 발생할 경우 법원의 판단을 받아보아야 할 것입니다. 3번 질의에 대하여 : 먼저 세입자가 임대차기간 만료일 6개월 전부터 1개월 전까지 집주인에게 갱신을 요구하여야 합니다. 따라서 실거주를 할 매수인에게 6개월 전까지 소유권이전등기가 완료되면, 세입자가 계약갱신을 요구하여도 매수인인 새로운 집주인이 실거주를 이유로 갱신요구를 거절할 수 있기 때문입니다.

언론에서는 "2년+2년" 이라는데?
Q. 언론에서 2년+2년이라고 하던데, 2년 계약하여 살고 있는 임차인(세입자)에게 2년만 재계약해 주면 되나요? 즉, 기존에 살고 있는 세입자가 현재 5년 동안 임대차 중인데, 이 경우 2년+2년이 지났으므로 전세 만기에 이사 가라고 할 수 있는지요?
A. 임대인(집주인)은 임대차만기 6개월 전부터 1개월 전까지 세입자에게 이사 갈 것을 통지하면 만기에 임대차계약이 종료됩니다.(주택임대차보호법 제6조) 한편 집주인이 이사가라고 하여도 세입자는 그 주택에 전세로 살고 있는 동안 한 번 계약갱신을 요구하여 2년간 더 거주할 수 있습니다.(주택임대차보호법 제6조의3) 따라서 세입자가 몇 년을 거주하였든지 한번 계약갱신을 요구할 수 있고, 이 경우 집주인이 갱신을 거절할 사유가 없다면 세입자는 2년간 더 거주할 수 있게 됩니다.

보증금 및 월세를 5% 이내에서 증액할 수 있는 전월세 상한제는 언제 적용되는지요?
Q. 임대하고 있는 주택의 만기가 2020.12.10.인데 지금 살고 있는 세입자와 재계약하고자 하는데, 이 경우 보증금은 무조건 5% 이상 올릴 수 없는지요?
A. 기존에 살고 있던 세입자와 재계약시 무조건 전월세 상한제가 적용되는 것은 아닙니다.집주인과 세입자 간에 합의로 보증금을 5% 초과 증액하여 재계약한 것도 유효합니다. 즉, 합의 증액의 경우 전월세 상한제가 적용되지 않습니다.그러나 세입자가 계약갱신요구권을 사용한 경우에는 주택임대차보호법 제6조의3 제3항과 제7조에 따라 전월세 상한제가 적용되어 5%이내에서 집주인과 세입자 간에 합의하여 보증금을 증액할 수 있습니다.

매도 행위가 허위실거주에 해당되어 손해배상을 청구할 수 있는지?
Q. 세입자가 계약갱신을 요구하자, 집주인이 직접거주를 이유로 갱신거절한 후 입주하여 거주하다가 세입자가 갱신되었다면 살 수 있는 기간(2년)이 만료하기 전에 임차주택을 매도한 경우 갱신거절 당한 세입자는 손해배상을 요구할 수 있는지요?
A. 주택임대차보호법 제6조의3 제5항의 허위실거주 사유로 제3자에게 임대한 경우로 규정하고 있어서 매도한 경우에는 같은 법에 의한 손해배상책임은 인정되지 않습니다.그러나 국토부와 법무부 보도설명자료(9.16.)에 의하면 집주인이 실거주 의사가 없음에도 불구하고 형식상 갱신거절 사유를 만들 목적으로 단기간만 거주하고 매각하여 실거주하지 않는 경우, 이는 허위 갱신거절로 주택임대차보호법을 위반하고 정당한 거주 권리를 갖는 임차인에게 손해를 발생시킨 것이 되어 불법행위 책임을 지게 될 수 있다고 설명하고 있습니다.따라서 집주인이 실거주하지 않고 매도한 경우 구체적인 사정에 따라 불법행위에 의한 손해배상책임이 인정될 수도 있을 것입니다.

제2장
주택임대차 계약

제2장 주택임대차 계약

제1절 계약 전 확인사항

1. 계약 당사자 본인 확인

① 임대차계약의 당사자는 임대인과 임차인입니다. 임대인은 임대주택의 소유자인 경우가 보통이나, 임대주택에 대한 처분권이 있거나 적법한 임대권한을 가진 사람도 임대인이 될 수 있습니다(대법원 1999. 4. 23. 선고 98다49753 판결).

② 주택의 소유자와 계약을 체결하는 경우에는 소유자의 주민등록증으로 등기부상 소유자의 인적사항과 일치하는지를 확인해야 합니다.

③ 주택 소유자의 대리인과 임대차계약을 체결하는 경우에는 위임장과 인감증명서를 반드시 요구해야 합니다.

2. 부동산등기부 확인

1) 부동산등기부의 개념

"부동산등기부"란 토지나 건물과 같은 부동산의 표시와 부동산의 권리관계의 득실변경에 관한 사항을 적는 공적 장부를 말합니다.

- 부동산의 표시 : 부동산의 소재, 지번, 지목, 구조, 면적 등에 관한 현황을 말합니다.
- 부동산에 관한 권리관계 : 소유권, 지상권, 지역권, 전세권, 저당권, 권리질권, 채권담보권, 임차권 등의 설정, 보존, 이전, 변경, 처분의 제한, 소멸 등을 말합니다.

2) 등기부 및 등기사항증명서

① "등기부"란 전산정보처리조직에 의해 입력·처리된 등기정보자료를 대법원규칙으로 정하는 바에 따라 편성된 해당 등기소에 비치되어 있는 토지·건물의 등기를 하는 공부를 말하며, 등기

부는 토지등기부와 건물등기부로 구분됩니다.

② "등기사항증명서"란 등기부에 기록되어 있는 사항을 증명하는 서류를 의미합니다.

3. 등기부의 열람 또는 등기사항증명서의 발급

1) 등기부의 열람

다음의 방법을 통해 누구든지 수수료를 내고 등기기록의 열람을 청구할 수 있습니다. 다만, 등기기록의 부속서류는 이해관계 있는 부분만 열람을 청구할 수 있습니다.

열람방법	열람가능시간	수수료
등기소 방문(관할 제한 없음)	업무시간 내	등기기록 또는 사건에 관한 서류마다 1,200원
대법원 인터넷등기소 (http://www.iros.go.kr)	365일 24시간	등기기록마다 700원

2) 등기사항증명서의 발급

다음의 방법을 통해 누구든지 수수료를 내고 등기사항증명서의 발급을 청구할 수 있습니다.

열람방법	열람가능시간	수수료
등기소 방문(관할 제한 없음)	업무시간 내	1통에 1,200원
무인발급기의 이용	지방자치단체별 서비스 시간 다름	1통에 1,000원
대법원 인터넷등기소 (http://www.iros.go.kr)	365일 24시간	1통에 1,000원

4. 등기부의 구성 및 확인사항

등기부에는 표제부, 갑구(甲區), 을구(乙區)가 있습니다.

① 표제부

- 토지등기기록의 표제부에는 표시번호란, 접수란, 소재지번란, 지목란, 면적란, 등기원인 및 기타사항란이 있습니다.
- 건물등기기록의 표제부에는 표시번호란, 접수란, 소재지번 및 건물번호란, 건물내역란, 등기원인 및 기타사항란이 있습니다.

※ 표제부에서 확인해야 할 사항

표제부의 지번이 임차하려는 주택의 번지수와 일치하는지를 확인해야 합니다. 아파트, 연립주택, 다세대주택 등 집합건물의 경우에는 표제부에 나와 있는 동, 호수가 임차하려는 주택의 동, 호수와 일치하는지를 확인해야 합니다. 잘못된 지번 또는 잘못된 동, 호수로 임대차계약을 하면 「주택임대차보호법」의 보호를 받을 수 없는 문제가 생깁니다. 예를 들어, 등기부에는 2층 202호라고 표시되어 있는데, 현관문에는 302호라고 표시된 다세대주택을 임대하면서 현관문의 호수 302호라고 임대차계약을 체결하고, 전입신고도 계약서상의 표시대로 302호로 전입신고를 한 경우에는 임차인은 갖추어야할 대항력의 요건인 올바른 주민등록을 갖추지 못했으므로, 「주택임대차보호법」의 보호를 받을 수 없습니다(대법원 1996. 4. 12. 선고 95다55474 판결).

② 갑구와 을구

- 갑구와 을구에는 순위번호란, 등기목적란, 접수란, 등기원인란, 권리자 및 기타사항란이 있습니다.
- 갑구에는 소유권의 변동과 가등기, 압류등기, 가압류등기, 경매개시 결정등기, 소유자의 처분을 금지하는 가처분등기 등이 기재되어 있습니다.

※ 갑구에서 확인해야 할 사항

임대차계약은 등기부상의 소유자와 체결해야 하므로, 먼저 부동산 소유자의 이름, 주소, 주민등록번호 등 인적사항을 확인해야 합니다. 실제로 매매 중에 있는 아파트의 임대차계약을 체결한 후 그 매매계약이 해제된 때에는 매수 예정인은 임대권한이 소멸되므로 그 임대차계약은 무효로 됩니다.

단독주택을 임차하는 경우에는 토지등기부등본과 건물등기부등본을 비교해서 토지소유자와 건물소유자가 같은 사람인지를 확인해야 합니다. 압류, 가압류, 가처분, 가등기 등이 되어 있지 않는지를 확인해서, 이러한 등기가 되어 있는 주택은 피해야 합니다.

√ 압류 또는 가압류 이후에 주택을 임차한 임차인은 압류된 주택이 경매에 들어가면 일반채권자와 채권액에 따라 평등하게 배당을 받을 수 있을 뿐이고, 「주택임대차보호법」에 따른 우선변제를 받을 수 없게 됩니다.

√ 가처분 등기 이후에 주택을 임차한 임차인은 가처분권리자가 소송에 승소하면 가처분 등기 이후에 행해진 모든 행위는 효력이 없으므로 보호받을 수 없게 됩니다.

√ 가등기 이후에 주택을 임차한 임차인은 가등기에 기한 본등기가 이루어지면 본등기 권리자에게 임대차를 주장할 수 없으므로 보호를 받을 수 없게 됩니다.

- 을구에는 소유권 이외의 권리인 저당권, 전세권 등이 기재되며, 저당권, 전세권 등의 설정 및 변경, 이전, 말소등기도 기재되어 있습니다.

※ 을구에서 확인해야 할 사항

저당권이나 전세권이 등기되어 있는지 확인해서, 저당권이나 전세권이 많이 설정되어 있다면 그런 주택은 피해야 합니다.

√ 저당권이나 전세권이 설정된 후 주택을 임차한 임차인은 저당권자나 전세권자 보다 후순위 권리자로 됩니다. 따라서 주택이 경매되면 저당권자나 전세권자가 배당받고 난 나머지 금액에 대해서만 배당받을 수 있기 때문에 임차보증금을 돌려받기 어려워집니다.

√ 또한, 임차권등기를 마친 주택을 후에 임차하여 주택을 인도받고 주민등록 및 확정일자를 갖추었다고 하더라도 우선변제를 받을 수 없습니다(「주택임대차보호법」 제3조의3제6항).

근저당 설정금액이나 전세금이 주택의 시가보다 적다고 해서 안심해서는 안 됩니다.

지상권이나 지역권이 설정되어 있는지 확인해야 합니다.

√ 지상권, 지역권은 토지의 이용관계를 목적으로 설정되어 있는 권리로서 부동산 일부분에도 성립할 수 있고, 동일 부동산의 같은 부분에 중복하여 성립할 수도 있으므로 주의해야 합니다.

※ 등기부에서 확인할 수 없는 권리관계도 있으므로 등기부를 열람하는 것 외에 상가건물을 직접 방문하여 상가건물의 권리관계를 확인할 필요가 있습니다. 예를 들어, 주택에 관한 채권을 가진 자가 그 채권을 변제받을 때까지 주택을 유치하는 유치권 등은 등기부를 통해 확인할 수 없습니다.

5. 등기된 권리의 순위

① 같은 부동산에 관해 등기한 권리의 순위는 법률에 다른 규정이 없으면 등기한 순서에 따릅니다.

② 등기의 순서는 등기기록 중 같은 구에서 한 등기 상호간에는 순위번호에 따르고, 다른 구에서 한 등기 상호간에는 접수번호에 따릅니다.

③ 따라서 같은 갑구나 을구 내에서는 그 순위번호로 등기의 우열을 가리고, 갑구와 을구 사이에서는 접수번호에 따라 등기의 우열을 가리게 됩니다.

④ 부기등기(附記登記)의 순위는 주등기(主登記)의 순위에 따릅니다. 다만, 같은 주등기에 관한 부기등기 상호간의 순위는 그 등기 순서에 따릅니다.

6. 확정일자 등 확인

임대차계약을 체결하려는 경우 임대인의 동의를 받아 주택 소재지의 읍·면 사무소, 동 주민센터 또는 시(특별시·광역시·특별자치시는 제외하고, 특별자치도는 포함함)·군·구(자치구를 말함)의 출장소, 지방법원 및 그 지원과 등기소 또는 「공증인법」에 따른 공증인(확정일자부여기관)에 다음의 정보제공을 요청하여 확인할 수 있습니다.

① 임대차목적물

② 확정일자 부여일

③ 차임·보증금

④ 임대차기간

공인중개사를 통해 주택임대차계약을 체결하는데, 임차인이 따로 등기부를 확인해야 하나요?

Q. 대학신입생 A씨는 서울의 대학에 입학하게 되면서, 대학 근처에서 살 집을 얻으려고 합니다. 태어나서 처음으로 임대차계약을 하게 된 A씨는 공인중개사를 통해 집을 계약하면서, 봐도 복잡한 부동산등기부는 어차피 공인중개사가 알아서 확인했을 것이라고 생각했습니다. A씨는 따로 등기부를 확인할 필요가 있을까요?

A. 등기부는 해당 부동산의 권리관계를 확인하는 기본 중의 기본입니다. 특히 최근 공인중개사의 사기사건도 종종 일어나고 있으므로, 등기부를 스스로 꼭 확인하시길 바랍니다. 부동산등기부에는 토지등기부와 건물등기부가 있으므로, 주택을 임대차계약을 하기 전에 해당 토지등기부와 건물등기부 모두 확인해야 합니다.

또한, 등기부는 임대차계약을 체결할 때 확인하고, 잔금을 치르기 전에도 다시 한 번 확인하는 것이 좋습니다.

임차인이 현관문에 부착된 표시대로 주민등록을 한 결과 등기부상 실제 표시와 다르게 된 경우는 어떻게 하나요?

임차인이 임대차계약을 체결함에 있어 그 임차주택을 등기부상 표시와 다르게 현관문에 부착된 호수의 표시대로 그 임대차계약서에 표시하고, 주택에 입주하여 그 계약서상의 표시대로 전입신고를 하여 그와 같이 주민등록표에 기재된 후 그 임대차계약서에 확정일자를 부여받은 경우, 그 임차 주택의 실제 표시와 불일치한 표시로 행해진 임차인의 주민등록은 그 임대차의 공시방법으로 유효한 것으로 볼 수 없어 임차권자인 피고가 대항력을 가지지 못하므로, 그 주택의 경매대금에서 임대차보증금을 우선변제받을 권리가 없습니다.

제2절 임대차계약

1. 임대차계약의 당사자 확인 등

1) 소유자

(1) 소유자

주택의 소유자와 계약을 체결하는 경우에는 소유자의 주민등록증으로 등기부상 소유자의 인적사항과 일치하는지를 확인해야 합니다.

(2) 공동소유자

- 주택의 공동소유자 중 일부와 임대차계약을 체결하는 경우에는 공유자 일부의 지분이 과반수 이상인지를 등기부의 갑구에 기재되어 있는 공유자들의 소유권 지분으로 확인해야 합니다.
- 공유 주택의 임대행위는 공유물의 관리행위에 해당하고, 공유물의 관리에 관한 사항은 지분의 과반수로 결정하도록 하고 있기 때문입니다.

※ 명의수탁자

- 주택의 명의수탁자와 임대차계약을 체결하는 경우에는 명의수탁자가 등기부상의 소유자와 동일한가를 확인해야 합니다.
- 명의수탁자는 명의신탁의 법리에 따라 대외적으로 적법한 소유자로 인정되고, 그가 행한 신탁 목적물에 대한 처분 및 관리행위는 유효하기 때문입니다.
- 그리고, 명의신탁자가 명의신탁 해지를 원인으로 소유권이전등기를 마친 후 주택의 반환을 요구해도 임차인은 그 요구에 따를 필요가 없습니다. 명의신탁자는 명의수탁자의 지위를 승계한 것으로 보므로, 임차인은 임차권을 주장할 수 있습니다(대법원 1999. 4. 23. 선고 98다49753 판결).

※ "명의신탁"이란 소유 관계를 공시하도록 되어 있는 재산에 대하여 소유자 명의를 실소유자가 아닌 다른 사람 이름으로 해놓는 것을 말합니다.

명의신탁이 된 재산의 소유관계는 신탁자와 수탁자 사이에서는 소유권이 그대로 신탁자에게 있지만, 대외관계 또는 제3자에 대한 관계에서는 소유권이 수탁자에게 이전·귀속됩니다.

2) 대리인

① 주택 소유자의 대리인과 임대차계약을 체결하는 경우에는 대리인의 신분증, 소유자의 인감이 찍힌 위임장, 인감증명서를 확인하시기 바랍니다.
위임장에는 부동산의 소재지와 소유자 이름 및 연락처, 계약의 목적, 대리인 이름·주소 및 주민번호, 계약의 모든 사항을 위임한다는 취지가 기재되고 연월일이 기재된 후 위임인(소유자)의 인감이 날인되어 있어야 합니다.
인감증명서는 위임장에 찍힌 위임인(소유자)의 날인 및 임대차계약서에 찍을 날인이 인감증명서의 날인과 동일해야 분쟁의 소지를 예방할 수 있습니다.
주택 소유자의 처와 임대차계약을 체결한 경우
그 처가 자신의 대리권을 증명하지 못하는 이상 그 계약의 안전성은 보장되지 않습니다. 부부에게 일상가사대리권이 있다고 하더라도 주택을 임대하는 것은 일상가사에 포함된다고 보지 않기 때문입니다.

※ 「민법」은 부부평등의 원칙에 따라 부부 상호 간에는 일상적인 가사에 관해 서로 대리권이 있다고 규정하고 있습니다(「민법」 제827조제1항). 일상적인 가사란 부부의 공동생활에 통상적으로 필요한 식료품 구입, 일용품 구입, 가옥의 월세 지급 등과 같은 의식주에 관한 사무, 교육비·의료비나 자녀 양육비의 지출에 관한 사무 등이 그 범위에 속합니다. 그러나 일상생활비로서 객관적으로 타당한 범위를 넘어선 금전 차용이나 가옥 임대, 부동산 처분 행위 등은 일상적인 가사의 범위에 속하지 않습니다(대법원 1993. 9. 28. 선고 93다16369 판결).

3) 전대인(임차인)

① 주택의 소유자나 소유자의 대리인이 아닌 전대인(임차인)과 전대차계약을 체결하려는 경우에는 임대인의 동의 여부를 확인해야 합니다.

임대인의 동의 없이 전대차계약을 하였을 때에는 그 계약은 성립하나 전차인은 임차권을 주장할 수 없기 때문에 임대인의 인감증명서가 첨부된 동의서를 받아두는 것이 안전합니다.

따라서 임대인이 주택의 반환을 요구하면, 전차인은 주택을 반환해야 하고, 임대인에게 전대차 보증금의 반환을 청구할 수 없습니다. 다만, 전차인은 전대차계약을 체결한 전대인(임차인)에게 전대차 보증금의 반환을 청구할 수 있습니다.

4) 부동산 개업공인중개사

① 주택의 임대차계약을 체결하려는 당사자는 다음의 방법을 통해 시장·군수·구청장에게 등록된 중개사무소에서 계약을 체결하는 것이 안전합니다.

- 해당 중개사무소 안에 게시되어 있는 중개사무소등록증, 공인중개사자격증 등으로 확인
- 해당 시·군·구청의 중개업무 담당부서에서 개업공인중개사 등록여부와 신분증·등록증 위조 여부를 확인
- 온나라 부동산정보통합포털(http://www.onnara.go.kr) 또는 각 지방자치단체의 한국토지정보시스템 등을 통해 확인

② 중개업사무소에 게시된 '보증의 설정 증명서류'를 확인하여 보증보험 또는 공제에 가입했는지를 확인하고 개업공인중개사의 중개를 받은 것이 안전합니다.

- 개업공인중개사는 중개행위에서 고의 또는 과실로 거래당사자에게 재산상의 손해를 발생하게 한 때에는 그 손해를 배상할 책임이 있고, 이를 보장하기 위해 보증보험이나 공제에 가입하도록 하고 있기 때문입니다.

※ 임대인을 대리한 개업공인중개사와 주택임대차계약을 체결하는 경우 임차인의 주의사항

임대인으로부터 임대차계약을 위임받은 개업공인중개사가 임대인에게는 보증금이 적은 월세계약을 했다고 속이고 임차인의 보증금을 가로채는 등의 사기가 발생할 수도 있습니다. 따라서 임차인은 다음과 같은 주의를 해야 합니다.

① 개업공인중개사가 「공인중개사법」에 따른 등록한 개업공인중개사인지 확인하고, 공인중개사자격증 또는 중개업등록증과 사진, 신분증 및 얼굴을 대조하여 개업공인중개사의 신분을 확인합니다.

② 개업공인중개사가 소유자로부터 임대차에 관한 대리권을 받았다는 위임장과 인감증명서를 확인하고, 소유자에게 위임사실·계약조건 등을 확인하여 개업공인중개사의 대리권을 확인합니다.

③ 주변시세보다 크게 싸거나 조건이 좋을 경우에는 일단 조심하고 해당건물의 권리관계, 소유자 등을 직접 꼼꼼히 확인합니다.

※ 개업공인중개사에게 임대차에 관한 대리권을 주는 경우 임대인의 주의사항

개업공인중개사가 위와 같은 사기행위를 한 경우 임대인에게 무권대리책임 등의 책임이 전가되므로, 개업공인중개사에게 임대차에 관한 권한을 위임하는 경우에는 다음과 같은 점에 주의해야 합니다.

① 개업공인중개사에게 임대차에 관한 포괄적 위임은 자제하고, 개업공인중개사가 임대인의 의사와 다르게 계약을 하지 못하도록 위임사항을 명확히 합니다.

② 위임장과 인감증명서를 주기적으로 변경하여 관리해야 합니다.

③ 임대차계약의 보증금 및 월세를 임차인과 통화 등을 통해 확인하고 월세 및 보증금은 임대인 계좌로 직접 입금 받는 등 개업공인중개사가 보증금을 수령하지 못하도록 조치합니다.

진짜 집주인이 따로 있다면?
Q. 주택임대차계약을 체결하고 주민등록 이전과 함께 이사를 하여 거주하고 있었습니다. 그런데 갑자기 어떤 사람이 '이 집은 명의신탁된 것으로 진짜 주인은 나다'라며 이사 갈 것을 요구하고 있습니다. 어떻게 해야 하나요?
A. 건물을 인도(이사)받은 상태이고, 그 주소로 주민등록을 완료한 경우에는 크게 걱정할 필요가 없습니다. 해당 주택의 등기부상의 소유자인 명의수탁자는 대외적으로 적법한 소유자로 인정되고, 그가 행한 주택에 대한 처분 및 관리행위는 유효하기 때문입니다. 설사 명의신탁자(진짜 주인)가 명의신탁을 해지하고 소유권이전등기를 마친 후 주택의 반환을 요구해도 임차인은 그 요구에 따를 필요가 없습니다. 왜냐하면, 이 경우 명의신탁자는 명의수탁자의 지위를 승계한 것으로 보기 때문입니다. ◇ 명의신탁 ☞ 소유관계를 공시(公示)하도록 되어 있는 재산에 대하여 소유자 명의를 진짜 소유자가 아닌 다른 사람 이름으로 해놓는 것을 말합니다. 명의신탁이 된 재산의 소유관계는 신탁자(진짜 소유자)와 수탁자 사이에서는 소유권이 그대로 신탁자에게 있지만, 대외관계 또는 제3자에 대한 관계에서는 소유권이 수탁자(가짜 소유자)에게 있습니다. ◇ 명의수탁자와의 임대차 계약 체결 ☞ 주택의 명의수탁자와 임대차계약을 체결하는 경우에는 명의수탁자가 등기부상의 소유자와 동일한지만 확인하면 됩니다. 명의수탁자는 명의신탁의 법리에 따라 대외적으로 적법한 소유자로 인정되고, 그가 행한 신탁 목적물에 대한 처분 및 관리행위는 유효하기 때문입니다.

집주인의 부인
Q. 주택 임대차 계약을 체결하려고 하는데, 계약 당일에 주택의 소유자가 바빠서 소유자의 부인이랑 임대차 계약을 체결하라고 합니다. 부인이랑 임대차 계약을 체결해도 괜찮을까요?
A. 주택 소유자의 부인일지라도, 그 부인 자신이 소유자로부터 계약 체결에 관한 위임을 받았다는 것을 증명하지 못하는 이상 그 계약의 안전성은 보장되지 않습니다. 따라서 불가피하게 주택 소유자의 부인과 임대차 계약을 체결해야 하는 경우에는 반드시 소유 주택에 대한 임대차에 관한 위임장과 주택 소유자의 인감증명서를 요구해야 합니다. ◇ 부부의 일상가사대리권 ☞ 부부는 일상적인 가사에 관해 서로가 서로를 대리할 수 있습니다. "일상적인 가사"란 부부의 공동생활에 통상적으로 필요한 식료품 구입, 일용품 구입, 가옥의 월세 지급 등과 같은 의식주에 관한 사무, 교육비·의료비나 자녀 양육비의 지출에 관한 사무 등을 말합니다. 그러나 일상생활비로서 객관적으로 타당한 범위를 넘어선 금전 차용이나 가옥 임대, 부동산 처분 행위 등은 일상적인 가사의 범위에 속하지 않습니다. ◇ 계약 당사자 확인(임대인 확인) ☞ 주택의 소유자와 계약을 체결하는 경우에는 소유자의 주민등록증으로 등기부상 소유자의 인적사항과 일치하는지를 확인해야 합니다. ☞ 주택 소유자의 대리인과 임대차계약을 체결하는 경우에는, 위임장과 주택 소유자의 인감증명서를 반드시 요구해야 합니다. ① 위임장 부동산의 소재지와 소유자 이름 및 연락처, 계약의 목적, 대리인 이름·주소 및 주민번호, 계약의 모든 사항을 위임한다는 취지가 기재되고 연월일이 기재된 후 위임인(소유자)의 인감이 날인되어 있어야 합니다. ② 인감증명서 위임장에 찍힌 위임인(주택 소유자)의 도장과 임대차 계약서에 찍을 도장이 인감증명서에 찍힌 도장과 동일해야 법적으로 문제가 발생하지 않습니다.

2. 임대차계약서의 작성

1) 임대차계약의 자유

주택임대차계약은 원칙적으로 계약당사자가 자유롭게 계약기간, 해지조건 등 그 내용을 정할 수 있고, 반드시 계약서를 작성해야 하는 것도 아닙니다. 그러나 나중에 발생할 수 있는 분쟁을 예방하기 위해서는 임대차계약서를 작성하는 것이 좋습니다.

2) 임대차계약서의 작성

(1) 임대차계약서의 작성

계약당사자가 자유롭게 임대차계약의 내용을 정할 수 있으므로, 임대차계약서에 정해진 양식은 없습니다. 다만, 공인중개사를 통한 주택임대차계약서에는 다음의 사항이 기재됩니다.

① 거래당사자의 인적 사항

② 물건의 표시

③ 계약일

④ 거래금액·계약금액 및 그 지급일자 등 지급에 관한 사항

⑤ 물건의 인도일시

⑥ 권리이전의 내용

⑦ 계약의 조건이나 기한이 있는 경우에는 그 조건 또는 기한

⑧ 중개대상물확인·설명서 교부일자

⑨ 그 밖의 약정내용

※ 주택임대차계약서의 정해진 형식은 없지만, 확정일자를 받기 위해서는 임대차계약서가 다음과 같은 요건을 갖추어야 합니다.

- 주택임대차계약증서가 임대인·임차인의 인적사항, 임대차 목적물, 임대차 기간, 보증금 등이 적혀 있는 완성된 문서여야 합니다. 주택임대차의 주택과 그 기간 등이 기재되어 있지 않은 영수증 등에 확정일자를 받더라도 우선변제권의 효력은 발생하지 않으므로 주의해야 합니다.

- 계약당사자(대리인이 계약을 체결한 경우에는 그 대리인을 말함)의 서명 또는 기명날인이 있어야 합니다.

  연결되는 글자에 빈 공간이 있는 경우에는 계약당사자가 빈 공간에 직선 또는 사선을 긋고 도장을 찍어 그 부분에 다른 글자가 없음을 표시해야 합니다.
- 정정한 부분이 있는 경우에는 그 난의 밖이나 끝부분 여백에 정정한 글자 수가 기재되어 있고, 그 부분에 계약당사자의 서명이나 날인이 되어야 합니다.
- 계약증서가 두 장 이상인 경우에는 간인(間印)이 있어야 합니다.
- 확정일자가 부여되어 있지 않아야 합니다. 다만, 이미 확정일자를 부여받은 계약증서에 새로운 내용을 추가 기재하여 재계약을 한 경우에는 그렇지 않습니다.

(2) 계약당사자의 인적사항

- 임대차계약서에 계약 당사자를 표시하는 것은 그 계약에 따른 권리자 및 의무자를 특정하기 위한 것입니다.
- 계약 당사자의 동일성을 인식할 수 있고, 필요한 경우 상호 연락이 가능하도록 그 이름과 주소, 주민등록번호, 전화번호 등을 기재하면 됩니다.

(3) 거래금액 및 지급일자

- 주택의 임대차계약을 체결하면서 지급하는 거래금액은 보통 계약금, 중도금, 잔금으로 나누어 지급하거나 중도금 없이 잔금을 지급하게 됩니다.
- 계약금은 전체 보증금의 10%를 계약할 때 지급하고, 잔금은 임차주택에 입주하는 날에 지급하는 것으로 기재하는 것이 안전합니다.

※ 임대차계약 후 중도금 지급 전 계약해지

- 임차인이 계약 당시 계약금을 지급한 경우, 당사자의 일방이 이행에 착

수할 때까지 임차인은 지급한 계약금을 포기하고, 임대인은 받은 계약금의 배액을 상환하여 계약을 해제할 수 있습니다.

- 계약금은 계약이 체결되었다는 증거금이며, 임대차계약 후 중도금 지급 전 계약해지 시 해약금의 성격을 가집니다. 또한, 계약금을 위약금으로 삼기로 하는 특약이 있으면 손해배상액의 예정의 성질도 가집니다.

(4) 임대차의 존속기간

- 임대차 기간은 보통 2년으로 하지만, 반드시 2년으로 기재할 필요는 없습니다.
- 임대차 기간을 1년으로 정한 경우에도 임차인은 1년 후 이사를 가고 싶으면 이사를 가면서 임차보증금을 돌려달라고 할 수도 있고, 계속 살고 싶으면 최소한 2년간은 임차 주택에서 살 수 있습니다(「주택임대차보호법」 제4조제1항). 그러나 기간을 정하지 않았거나 2년 미만으로 정한 임대차는 그 기간을 2년으로 보므로, 임대인은 1년으로 임대차계약을 체결했더라도 1년을 주장할 수 없습니다.

3) 임대차계약의 특약 사항

부동산중개사무소에서 일반적으로 사용하고 있는 임대차계약서에는 특약사항을 기재하는 공간이 있는데, 불리한 조건으로 임대차계약을 하지 않기 위해 다음과 같은 내용의 특약사항을 기재할 필요가 있습니다.

① 임차인이 임차주택을 인도받을 때까지 저당권 등의 권리설정을 하지 않겠다는 사항

- 주택 임대차계약 후 그 주택에 입주하는 날까지 상당한 기간이 걸리는 경우가 보통이므로, 그 사이에 임대인이 다른 사람에게 근저당권 등을 설정할 수 없도록 하고, 이를 위반하면 임대차계약을 해제하고 손해배상을 받을 수 있도록 약정해 둘 필요가 있습니다.
- 만약, 임차인이 입주하기 전에 근저당권 등의 권리가 설정되게 되면, 임차권은 그 설정된 권리보다 후순위가 되어 임차보증금을 돌려받는데 문제가 생길 수 있기 때문입니다.

② 임차인이 입주하기 전에 발생한 임차주택의 하자는 임대인이 직접 수리한다는 사항

- 입주 시에 발견하기 어려운 보일러의 고장이나 누수 등의 수리비용의 부담에 대해 서로의 책임범위를 명확히 하기 위해 약정을 해 두는 것이 좋습니다.
- 임차인이 입주하기 전에 발생한 임차주택의 하자는 임대인의 비용으로 수리하고, 입주 일부터 가까운 시일 내에 보일러 등에 고장이 발견된 경우 그 고장은 인도받기 전에 발생된 것으로 추정한다는 문구를 넣어 두는 것이 좋습니다.

③ 입주 전의 기간에 대한 공과금의 부담에 관한 사항

- 종전의 임차인이 전기요금, 수도요금 등의 공과금을 내지 않고 이사가는 경우 임차인이 곤란을 겪게 되는 경우가 있습니다.
- 이를 방지하기 위해 입주하기 전의 기간에 대한 공과금 미납 부분에 대해서는 임대인이 책임질 수 있도록 약정해 두는 것이 좋습니다.

④ 임대차의 중도해지에 관한 사항

- 임대차의 존속기간 중 분양받은 아파트에 입주하는 일이 발생하거나, 전학, 전근 등으로 이사를 할 수 밖에 없는 부득이한 경우에는 계약기간이 남았기 때문에 이사를 하게 되면 임차보증금을 돌려받는데 갈등이 생길 소지가 있습니다.
- 부득이한 사유로 임대차계약을 중도에 해지할 경우에 대비하여, 예를 들어 계약기간 중에 전근 등 부득이한 사유가 있는 경우에는 중도에 임대차계약을 해지할 수 있고, 그 해지의 효력은 임대인이 그 통지를 받은 날부터 1개월이 지나면 발생한다는 약정을 해 둘 필요가 있습니다.

4) 임대차계약 후 받아야 할 서류

(1) 주택임대차계약서

부동산 개업공인중개사는 중개대상물에 관해 중개가 완성되어 작성한 거래계약서를 거래당사자에게 각각 교부해야 합니다. 그리고 임대차계약서의 원본, 사본 또는 전자문서를 5년 동안 보존해야 합니다.

(2) 중개대상물 확인·설명서

- 부동산 개업공인중개사는 거래계약서를 작성하는 때에 중개대상물확인·설명서를 거래당사자에게 발급해야 합니다.
- 만약, 부동산 개업공인중개사가 중개대상물확인·설명서를 작성해 주지 않거나, 그 작성된 내용이 사실과 다른 때에는 거래당사자는 부동산 개업공인중개사에게 손해배상을 청구할 수 있습니다.

(3) 공제증서

공제증서는 부동산 개업공인중개사의 중개사고에 대비하기 위한 손해배상책임 보장에 관한 증서로서, 부동산 개업공인중개사는 거래당사자에게 공제증서를 교부해야 합니다.

※ 전·월세 실거래가 확인

- 국토교통부에서는 2011년 1월부터 확정일자를 받은 주택을 대상으로 전·월세 가격자료를 제공하고 있습니다. 또한, 2011년 12월부터 아파트 외의 단독주택과 다가구·다세대주택 전·월세 가격자료까지 제공됩니다.
- 전·월세 가격자료는 주택 소재지의 읍사무소, 면사무소, 동 주민센터 또는 시·군·구의 출장소에서 임대차계약서에 확정일자를 받을 때 담당 공무원이 보증금, 임대료, 주택소재지 등 거래정보를 부동산거래관리시스템에 입력하여 수집합니다. 전·월세 가격자료는 확정일자를 부여받을 때 공무원이 수집할 뿐, 임차인이나 부동산 개업공인중개사에게 신고의무가 있는 것은 아닙니다.
- 전·월세 실거래가는 국토교통부 실거래가(rt.molit.go.kr) 또는 씨:리얼(https://seereal.lh.or.kr)에서 확인하실 수 있습니다.

- 주택은 그 특수성이 있습니다. 예를 들어, 같은 단지, 같은 동, 같은 평수의 아파트일지라도 그 각각의 노후 정도, 리모델링 등에 따라 가격이 다릅니다. 또한 거래시점의 부동산 시장의 상황에 따라서도 거래가격이 달라집니다. 따라서 주택의 전·월세의 가격자료가 현재의 거래가격을 알 수 있는 절대적인 기준이 될 수 없습니다. 다만, 지역별 전·월세의 가격자료를 통해 임차인은 대략적인 시세를 알 수 있습니다.

전세 기간
Q. 주택 임대차 계약을 체결하려는데, 주변에서 계약기간을 1년으로 하라고 합니다. 어떻게 하는 것이 좋을까요?
A. 계약기간을 1년으로 하시더라도 최소한 2년의 계약기간을 보장받을 수 있습니다. 그리고 임차인은 계약대로 1년의 기간을 주장할 수도 있습니다. ◇ 임대차계약 기간 ☞ 주택 임대차 계약을 체결하는 경우 계약서에 계약 기간을 정하지 않았거나 기간을 2년 미만으로 정했더라도 임차인은 최소한 2년의 기간을 보장받을 수 있습니다. ☞ 다만, 임차인은 2년 미만으로 정한 기간이 유효함을 주장할 수 있으므로 만약 계약기간을 1년으로 정했다면, 임차인은 2년 동안 임대차 기간을 보장받으면서도 필요한 경우에는 1년 후에 계약을 해지하고 임대인에게 보증금을 돌려받을 수 있습니다. ☞ 그러나 1년의 계약을 하더라도 임대인은 이를 계약의 내용으로 주장할 수 없습니다. 「주택임대차보호법」제4조는 편면적 강행규정으로 임차인에게 불리한 것으로 효력이 없기 때문입니다.

3. 부동산 개업공인중개사의 책임 및 중개보수

1) 부동산 개업공인중개사의 의무

(1) 부동산 개업공인중개사의 신의성실 및 비밀누설금지 의무

- 개업공인중개사 및 소속공인중개사는 거래당사자에게 신의와 성실로써 공정하게 중개업무를 수행해야 합니다.
- 부동산 개업공인중개사·소속공인중개사·중개보조원 및 개업공인중개사인 법인의 사원·임원(이하 "개업공인중개사 등"이라 함)은 중개업무로 알게 된 비밀을 누설하지 말아야 하고, 그 업무를 떠난 후에도 누설해서는 안 되며, 이를 위반한 경우에는 1년 이하의 징역 또는 1,000만원 이하의 벌금에 처해집니다.

(2) 부동산 개업공인중개사의 설명의무

- 부동산 개업공인중개사는 주택임대차계약을 하려는 사람에게 다음의 사항에 대하여 성실·정확하게 설명하고 중개대상물의 토지대장 등본 또는 부동산종합증명서, 등기사항증명서 등 설명의 근거자료를 함께 제시해야 합니다.

① 해당 중개대상물의 상태·입지 및 권리관계

② 법령규정에 따른 거래 또는 이용제한 사항

③ 중개대상물의 종류·소재지·지번·지목·면적·용도·구조 및 건축연도 등 중개대상물에 관한 기본적인 사항

④ 소유권·전세권·저당권·지상권 및 임차권 등 중개대상물의 권리관계에 관한 사항

⑤ 거래예정금액·중개보수 및 실비의 금액과 그 산출내역

⑥ 토지이용계획, 공법상의 거래규제 및 이용제한에 관한 사항

⑦ 수도·전기·가스·소방·열공급·승강기 및 배수 등 시설물의 상태

⑧ 벽면 및 도배의 상태

⑨ 일조·소음·진동 등 환경조건

⑩ 도로 및 대중교통수단과의 연계성, 시장·학교와의 근접성 등 입지조건

⑪ 중개대상물에 대한 권리를 취득함에 따라 부담하여야 할 조세의 종류 및 세율

- 부동산 개업공인중개사는 확인·설명을 위해 필요한 경우에는 중개대상물의 임대의뢰인에게 해당 중개대상물의 상태에 관한 자료를 요구할 수 있습니다.

  임대의뢰인이 중개대상물의 상태에 관한 자료요구에 불응한 때에는 그 사실을 임차의뢰인에게 설명하고, 중개대상물확인·설명서에 기재해야 합니다.

(3) 중개대상물확인·설명서의 교부·보존 의무

- 부동산 개업공인중개사는 거래계약서를 작성하는 때 중개대상물확인·설명서를 거래당사자에게 발급해야 하고, 그 원본, 사본 또는 전자문서를 3년간 보존해야 합니다.
- 중개대상물확인·설명서에는 부동산 개업공인중개사의 서명 및 날인이 있어야 하며, 해당 중개행위를 한 소속공인중개사가 있는 경우에는 소속공인중개사가 함께 서명 및 날인해야 합니다.

(4) 공제증서의 교부 의무

부동산 개업공인중개사는 중개가 완성된 때에는 거래당사자에게 손해배상책임의 보장에 관한 다음의 사항을 설명하고, 관계 증서의 사본을 교부하거나 관계 증서에 관한 전자문서를 제공해야 합니다.

① 보장금액(법인 개업공인중개사는 2억원 이상, 비법인 개업공인중개사는 1억원 이상)

② 보증보험회사, 공제사업을 하는 자, 공탁기관 및 그 소재지

③ 보장기간

2) 부동산 개업공인중개사의 손해배상책임

- 부동산 개업공인중개사는 중개행위를 하는 경우 고의나 과실로 거래당사자에게 재산상의 손해를 발생하게 한 경우에는 그 손해를 배상할 책임이 있습니다.
- 부동산 개업공인중개사는 자기의 중개사무소를 다른 사람의 중개행위의 장소로 제공함으로써 거래당사자에게 재산상의 손해를 발생하게 한 경우에는 그 손해를 배상할 책임이 있습니다.

3) 부동산 중개보수 및 실비

(1) 중개보수 및 실비 지급

- 중개의뢰인은 중개업무에 관해 부동산 개업공인중개사에게 소정의 보수를 지급해야 합니다. 다만, 부동산 개업공인중개사의 고의 또는 과실로 인하여 중개의뢰인간의 거래행위가 무효·취소 또는 해제된 경우에는 지급하지 않아도 됩니다.

※ "중개보수"란 부동산거래로 계약이 체결되어 부동산 개업공인중개사와 중개의뢰인 사이에 수수되는 금액을 말합니다. 거래금액에 따른 일정요율과 한도액 및 지급시기는 지방자치단체의 조례로 규정되어 있습니다.

- 중개의뢰인은 부동산 개업공인중개사의 고의 또는 과실로 부동산 거래행위가 무효·취소 또는 해제된 경우에는 중개보수를 지급할 필요가 없으나, 거래당사자의 의사에 따라 해제된 경우에는 중개보수를 지급해야 합니다.
- 중개의뢰인은 부동산 개업공인중개사에게 중개대상물의 권리관계 등의 확인 또는 계약금 등의 반환채무이행보장에 소요된 실비를 줄 수 있습니다.
- 중개대상물의 소재지와 중개사무소의 소재지가 다른 경우에는 중개사무소의 소재지를 관할하는 시·도의 조례에서 정한 기준에 따라 보수 및 실비를 지급합니다.

중개보수 요율표

※ 아래의 내용 중 주택 부분은 개정법에 의한 시·도 조례 개정시 변경될 수 있습니다.

◎ 부동산 중개보수 요율표 (서울특별시 기준)

◇ 주 택

거래내용	거래금액	상한요율	한도액	중개보수 요율 결정	거래금액 산정
매매교환	⊙ 5천만원 미만	1천분의 6	25만원	⊙ 중개보수 한도 = 거래 금액 × 상한요율 (단, 이 때 계산된 금액은 한도액을 초과할 수 없음)	⊙ 매매:매매가격 ⊙ 교환:교환대상 중 가격이 큰 중개대상물 가격
	⊙ 5천만원 이상 ~ 2억원 미만	1천분의 5	80만원		
	⊙ 2억원 이상 ~ 6억원 미만	1천분의 4	없음		
	⊙ 6억원 이상 ~ 9억원 미만	1천분의 5	없음		
	⊙ 9억원 이상	거래금액의 1천분의( )이하		⊙ 상한요율 1천분의 9 이내에서 개업공인중개사가 정한 좌측의 상한요율 이하에서 중개의뢰인과 개업공인중개사가 협의하여 결정함.	
임대차 등 (매매·교환 이외의 거래)	⊙ 5천만원 미만	1천분의 5	20만원	⊙ 중개보수 한도 = 거래 금액 × 상한요율 (단, 이 때 계산된 금액은 한도액을 초과할 수 없음)	⊙ 전세:전세금 ⊙ 월세: 보증금 + (월 차임×100). 단, 이 때 계산된 금액이 5천만원 미만일 경우 : 보증 금+(월 차임액× 70)
	⊙ 5천만원 이상 ~ 1억원 미만	1천분의 4	30만원		
	⊙ 1억원 이상 ~ 3억원 미만	1천분의 3	없음		
	⊙ 3억원 이상 ~ 6억원 미만	1천분의 4	없음		
	⊙ 6억원 이상	거래금액의 1천분의( )이하		⊙ 상한요율 1천분의 8 이내에서개업공인중개사가 정한 좌측의 상한요율 이하에서 중개 의뢰인과 개업공인중개사가 협의하여 결정함.	

※ 분양권의 거래금액 계산 : [거래당시까지 불입한 금액(융자포함)+프리미엄] × 상한요율

◇ 오피스텔

공인중개사법 시행규칙 제20조 제4항(2015. 1. 6 공포 • 시행)
1.「건축법 시행령」 별표 1 제14호나목2)에 따른 오피스텔(다음 각 목의 요건을 모두 갖춘 경우에 한정한다) : 중개의뢰인 쌍방으로부터 각각 받되, 별표 3의 요율 범위에서 중개보수를 결정한다.
가. 전용면적이 85제곱미터 이하일 것
나. 상 • 하수도 시설이 갖추어진 전용입식 부엌, 전용수세식 화장실 및 목욕시설(전용수세식 화장실에 목욕시설을 갖춘 경우를 포함한다)을 갖출 것

[별표3] 오피스텔 중개보수 요율(제20조제4항 관련)

구분	상한요율
매매/교환	1천분의 5
임대차 등	1천분의 4

2. 제1호 외의 경우: 중개의뢰인 쌍방으로부터 각각 받되, 거래금액의 1천분의 9 이내에서 중개의뢰인과 개업공인중개사가 서로 협의하여 결정한다.

◇ 주택이외(토지, 상가 등)

거래내용	상한요율	중개보수 요율 결정	거래금액산정
매매/교환,임대차 등	거래금액의1천분의 ( ) 이내	⊙ 상한요율 1천분의 9 이내에서 중개 업자가 정한 좌측의 상한요율 이하에서 중개의뢰인과 개업공인중개사가 협의하여 결정함.	『주택』과 같음

※ 중개보수 한도 = 거래금액×상한요율 (단, 이 때 계산된 금액은 한도액을 초과할 수 없음)

※ 개업공인중개사는「주택의 매매·교환 9억원 이상」,「주택의 임대차 6억원 이상」,「주택 이외 중개대 상물의 매매·교환·임대차」에 대하여 각각 법이 정한 상한요율의 범위 안에서 실제 받고자 하는 상한요율을 의무적으로 위 표에 명시하여야 함.
※ 위 부동산 중개보수는 공인중개사 법률 및 서울특별시 주택 중개보수 등에 관한 조례에서 정한 사항임.

(2) 중개보수 및 실비의 한도

- 주택(건축물 중 주택의 면적이 2분의 1 이상인 경우도 주택에 포함) 임대차에 대한 중개보수의 한도는 거래금액의 1천분의 8 이내입니다.
- 실비의 한도는 중개대상물의 권리관계 등의 확인 또는 계약금 등의 반환채무이행 보장에 드는 비용으로 하되, 개업공인중개사가 영수증 등을 첨부하여 매도·임대 그 밖의 권리를 이전하려는 중개의뢰인(계약금 등의 반환채무이행 보장에 소요되는 실비의 경우에는 매수·임차 그 밖의 권리를 취득하려는 중개의뢰인을 말함)에게 청구할 수 있습니다.
- 부동산 개업공인중개사는 중개보수·실비의 요율 및 한도액 표를 해당 중개사무소 안의 보기 쉬운 곳에 게시해야 합니다.

(3) 한도를 초과한 중개보수 및 실비 수수 금지

부동산 개업공인중개사는 사례·증여 그 밖의 어떠한 명목으로도 중개보수 또는 실비의 한도를 초과하여 금품을 받아서는 안 되며, 이를 위반한 때에는 과태료 또는 영업정지나 1년 이하의 징역 또는 1,000만원 이하의 벌금에 처해지게 됩니다.

※ 중개보수는 중개의뢰인 쌍방이 요율 및 한도액 내에서 각각 지급해야 하고, 한도액을 초과하는 때에는 한도액의 범위 내에서 지급하면 됩니다.

※ 만약, 개업공인중개사가 수수료 또는 실비의 한도를 초과하여 요구하는 경우에는 그 초과분은 무효이고, 한도를 초과하여 지급한 수수료 또는 실비의 반환을 청구할 수 있습니다(대법원 2007. 12. 20. 선고 2005다32159 전원합의체 판결). 한도를 초과하는 보수 또는 실비를 요구하는 경우 거래당사자는 초과분에 대해 지급을 거절할 수 있으며, 계속하여 한도 초과 보수 또는 실비를 요구하면 행정관청에 신고할 수 있습니다.

4. 전월세자금 대출

1) 전월세자금 대출의 종류

- 정부는 무주택 서민층의 주거안정을 위해 서민들의 보금자리 마련에 필요한 자금을 지원해 주고 있습니다. 이를 위해 정부는 주택도시기금을 활용하여 전월세자금을 대출해 주고 있습니다.
- 주택도시기금을 활용한 전월세자금 대출은 다음과 같습니다. 그 밖에 시중은행에서도 전세자금대출 상품을 운용하고 있습니다.

종류	내용
버팀목전세자금	근로자 및 서민의 주거안정을 위한 전세자금 대출상품
주거안정월세자금	저소득계층의 주거안정을 위한 월세자금 대출상품

※ 전월세자금 대출의 종류, 대출대상, 대출신청방법, 대출기간 및 대출이자 등에 관한 보다 자세한 내용은 <주택도시기금 기금e든든> 부분에서 확인하실 수 있습니다.

※ 시중은행에서 운용하는 전세자금대출 상품의 종류 및 이율 등 보다 자세한 내용은 해당 은행의 홈페이지에서 확인할 수 있습니다.

〈참고자료-버팀목전세자금〉

1. 대출대상 : 부부합산 연소득 5천만원 이하, 순자산가액 2.92억원 이하 무주택 세대주
2. 대출금리 : 연 1.8%~2.4%
3. 대출한도 : 수도권 1.2억원, 수도권 외 0.8억원 이내
4. 대출기간 : 2년(4회 연장, 최장 10년 이용 가능)

〈참고자료-주거안정월세대출〉

1. 대출대상(우대형) : 취업준비생, 희망키움통장 가입자, 근로장려금 수급자, 사회초년생, 자녀장려금 수급자, 주거급여수급자
   (일반형) 부부합산 연소득 5천만원 이하로, 우대형에 해당하지 않는 경우
   (공통) 부부합산 순자산가액 2.92억원 이하
2. 대출금리(우대형) : 연 1.0% (일반형) 연 2.0%
3. 대출한도 : 최대 960만원(월 40만원 이내)
4. 대출기간 : 2년(4회 연장, 최장 10년 이용 가능)

제3절 보증금의 보호

1. 대항력 및 우선변제권 취득

1) 대항력

(1) 대항력의 개념 및 요건

- "대항력"이란 임차인이 제3자, 즉 임차주택의 양수인, 임대할 권리를 승계한 사람, 그 밖에 임차주택에 관해 이해관계를 가지고 있는 사람에게 임대차의 내용을 주장할 수 있는 법률상의 힘을 말합니다.
- 임대차는 그 등기가 없더라도, 임차인이 ① 주택의 인도와 ② 주민등록을 마친 때에는 그 다음 날부터 대항력이 생깁니다.

(2) 주택의 인도

- 「주택임대차보호법」에 따른 대항력을 획득하기 위해서는 '주택의 인도'가 필요합니다.
- "주택의 인도"란 점유의 이전을 말하는데, 주택에 대한 사실상의 지배가 임대인으로부터 임차인에게로 이전하는 것을 말합니다. 즉 임차인이 입주해서 살고 있는 것을 뜻합니다.

(3) 주민등록 및 전입신고

- 「주택임대차보호법」에 따른 대항력을 획득하기 위해서는 임차인이 주민등록을 마쳐야 하며, 이 경우 전입신고를 한 때에 주민등록을 된 것으로 봅니다.
- 전입신고는 하나의 세대에 속하는 자의 전원 또는 그 일부가 거주지를 이동할 때 신거주지의 시장·군수 또는 구청장에게 하는 신고로서, 세대주 등 신고의무자는 새로운 거주지에 전입한 날부터 14일 이내에 전입신고를 해야 합니다.

① 대항력을 취득한 임차인이 그 가족과 함께 일시적이나마 주민등록을 다른 곳으로 이전하면 전체적으로나 종국적으로 주민등록을 이탈한

것이므로 대항력은 전출로 인해 소멸되고, 그 후 임차인이 다시 임차주택의 주소로 전입신고를 하였더라도 소멸했던 대항력이 회복되는 것이 아니라 새로운 전입신고를 한 때부터 새로운 대항력을 취득하는 것입니다(대법원 1998. 1. 23. 선고 97다43468 판결).

② 대항력을 취득한 임차인이 그 가족과 함께 그 주택에 대한 점유를 계속하고 있으면서 그 가족의 주민등록을 그대로 둔 채 임차인만 주민등록을 일시적으로 옮긴 경우라면, 전체적으로나 종국적으로 주민등록의 이탈이라고 볼 수 없으므로 제3자에 대한 대항력을 상실하지 않습니다(대법원 1996.1.26, 선고, 95다30338 판결).

유용한 법령정보
<전입신고 시 유의사항> 전입신고를 하기 전에 반드시 그 부동산의 등기사항증명서를 발급받아서 번지, 동, 호수 등을 확인한 후에 전입신고를 해야 기재오류로 인한 손해를 막을 수 있습니다. 전입신고의 유효성 판단은 임차인이 전입신고를 한 당시의 번지를 기준으로 하여 판단하기 때문에 부동산의 등기부를 확인해 정확하게 전입신고를 하는 것이 안전합니다(대법원 1999. 12. 7. 선고 99다44762 판결). ※ 「주택임대차보호법」의 대항요건을 갖추지 못하여 보호를 받을 수 없는 경우 √ 전입신고의 번지와 임차주택 등기부의 번지가 다른 경우(대법원 2000. 6. 9. 선고 2000다8069 판결) √ 공동주택(아파트, 연립, 다세대주택)의 번지 또는 동·호수를 누락한 상태로 전입신고를 한 경우(대법원 1995. 4. 28. 선고 94다27427 판결) √ 대문 앞의 호수와 등기부의 호수 확인 없이 대문의 호수로 전입신고를 한 경우(대법원 1996. 4. 12. 선고 95다55474 판결)

※「주택임대차보호법」의 대항요건을 갖추지 못하였더라도 보호를 받을 수 있는 경우

√ 전입신고의 당사자는 부동산의 등기부를 확인한 후 제대로 전입신고를 하였으나, 담당공무원의 착오로 새로운 거주지의 번지를 틀리게 기재한 경우(대법원 1991. 8. 13. 선고 91다18118 판결)

<신축 중인 주택에 대한 전입신고>

신축 중인 주택을 임차하여 준공검사 전에 입주하는 경우, 건물등기부가 마련되어 있지 않아 대문에 적힌 호수로 전입신고를 하는 경우가 있습니다. 이 경우에는 준공검사 후 건물등기부가 작성되면, 그 등기사항증명서를 발급받아 동·호수를 다시 확인해야 합니다. 만약, 신축 중인 연립주택 중 1층 소재 주택의 임차인이 전입신고를 할 경우 잘못된 현관문의 표시대로 '1층 201호'라고 전입신고를 마쳤는데, 준공 후 그 주택이 공부상'1층 101호'로 등재되었다면 「주택임대차보호법」의 대항요건을 갖추고 있지 않기 때문에 보호를 받을 수 없게 됩니다(대법원 1995. 8. 11. 선고 95다177 판결).

(4) 대항력의 발생시기

대항력은 임차인이 주택의 인도와 주민등록을 마친 때에 그 다음 날부터 제삼자에 대하여 효력이 생기고, 전입신고를 한 때에 주민등록을 마친 것으로 봅니다.

여기에서 "그 다음 날부터 제3자에 대하여 효력이 생긴다."고 함은, 다음 날 오전 0시부터 대항력이 생긴다는 취지입니다. 예를 들어, 홍길동이 2011년 12월 1일 임차주택을 임차보증금 1억원에 임차하여 2011년 12월 15일 전입신고를 마쳤다면, 그 다음 날인 2011년 12월 16일 00:00부터 대항력이 생기게 됩니다.

대항력을 취득한 임차인과 주택에 대한 저당권 또는 가압류 등의 권리관계는 그 요건을 갖춘 선후에 따라 결정됩니다.

※ 「주택임대차보호법」의 보호대상은 원칙적으로 자연인인 국민이므로 법인은 「주택임대차보호법」의 대항력을 취득하지 못합니다. 그러나 주택도시기금을 재원으로 하여 저소득층 무주택자에게 주거생활 안정을 목적으로 전세임대주택을 지원하는 법인이 주택을 임차한 후 지방자치단체의 장 또는 그 법인이 선정한 입주자가 그 주택을 인도받고 주민등록을 마쳤을 때에는 그 다음 날부터 대항력을 취득합니다.

2) 우선변제권

(1) 우선변제권의 개념과 요건

- "우선변제권"이란 임차주택이 경매 또는 공매되는 경우에 임차주택의 환가대금에서 후순위권리자나 그 밖의 채권자보다 우선하여 보증금을 변제받을 권리를 말합니다.
- 우선변제권은 임차인이 ① 대항요건(주택의 인도 및 전입신고)과 ② 임대차계약증서상의 확정일자를 갖춘 경우에 취득됩니다.

(2) 확정일자의 취득

- "확정일자"란 증서가 작성된 날짜에 주택임대차계약서가 존재하고 있음을 증명하기 위해 법률상 인정되는 일자를 말합니다. 확정일자는 임대인과 임차인 사이의 담합으로 임차보증금의 액수를 사후에 변경하는 것을 방지하고, 허위로 날짜를 소급하여 주택 임대차계약을 체결하여 우선변제권 행사를 방지하기 위해 마련된 제도입니다(대법원 1999. 6. 11. 선고 99다7992 판결).
- 확정일자는 주택 소재지의 읍·면사무소, 동 주민센터 또는 시(특별시·광역시·특별자치시는 제외하고, 특별자치도는 포함함)·군·구(자치구를 말함)의 출장소, 지방법원 및 그 지원과 등기소 또는 「공증인법」에 따른 공증인(이하 "확정일자부여기관"이라 함)에게 부여받을 수 있습니다.
- 확정일자부여기관(지방법원 및 그 지원과 등기소는 제외함)이 작성하는 확정일자부에는 다음의 사항이 기재됩니다.

① 확정일자번호

② 확정일자 부여일

③ 임대인·임차인의 인적사항

`자연인인 경우: 성명, 주소, 주민등록번호(외국인은 외국인등록번호)

`법인이거나 법인 아닌 단체인 경우: 법인명·단체명, 법인등록번호·부동산등기용등록번호, 본점·주사무소 소재지

④ 주택 소재지

⑤ 임대차 목적물

⑥ 임대차 기간

⑦ 차임·보증금

⑧ 신청인의 성명과 주민등록번호 앞 6자리(외국인은 외국인등록번호 앞 6자리)

(3)확정일자를 받는 절차

- 임차인의 우선변제권을 위한 확정일자는 임차인 등이 주택임대차계약증서 원본 또는 사본을 소지하고, 주택 소재지의 읍·면사무소, 동 주민센터 또는 시(특별시·광역시·특별자치시는 제외하고, 특별자치도는 포함함, 이하 같음)·군·구(자치구를 말함, 이하 같음)의 출장소, 지방법원 및 그 지원과 등기소 또는 공증인을 방문하여 부여받을 수 있습니다.
- 또한, 정보처리시스템을 이용하여 주택임대차계약을 체결한 경우 해당 주택의 임차인은 정보처리시스템을 통해 전자계약증서에 확정일자 부여를 신청할 수 있습니다. 이 경우 확정일자 부여 신청은 확정일자 부여기관 중 주택 소재지의 읍·면사무소, 동 주민센터 또는 시·군·구의 출장소에 대하여 합니다.

※ 확정일자를 위한 임대차계약서 확인사항

확정일자를 받기 위해서는 계약서가 다음과 같은 요건을 갖추어야 합니다(「주택임대차계약증서상의 확정일자 부여 및 임대차 정보제공에 관한 규칙」 제3조).

1. 주택임대차계약증서가 임대인·임차인의 인적사항, 임대차 목적물, 임대차 기간, 차임·보증금 등이 적혀 있는 완성된 문서여야 합니다. 주택임대차의 주택과 그 기간 등이 기재되어 있지 않은 영수증 등에 확정일자를 받더라도 우선변제권의 효력은 발생하지 않으므로 주의해야 합니다.

2. 계약당사자(대리인이 계약을 체결한 경우에는 그 대리인을 말함)의 서명 또는 기명날인이 있어야 합니다.

3. 연결되는 글자에 빈 공간이 있는 경우에는 계약당사자가 빈 공간에 직선 또는 사선을 긋고 도장을 찍어 그 부분에 다른 글자가 없음을 표시해야 합니다.

4. 정정한 부분이 있는 경우에는 그 난의 밖이나 끝부분 여백에 정정한 글자 수가 기재되어 있고, 그 부분에 계약당사자의 서명이나 날인이 되어 있어야 합니다.

5. 계약증서(전자계약증서 제외)가 두 장 이상인 경우에는 간인(間印)이 있어야 합니다.

6. 확정일자가 부여되지 않았어야 합니다. 다만, 이미 확정일자를 부여받은 계약증서에 새로운 내용을 추가 기재하여 재계약을 한 경우에는 그렇지 않습니다.

- 확정일자를 받으려는 임차인은 다음의 어느 하나에 해당하는 경우를 제외하고는 600원의 수수료를 내야합니다. 계약증서가 4장을 초과하는 경우에는 초과하는 4장마다 100원씩 더 내야 합니다.

① 「국민기초생활 보장법」 제2조제2호에 따른 수급자

② 「독립유공자예우에 관한 법률」 제6조에 따라 등록된 독립유공자 또는 그 유족(선순위자만 해당)

③ 「국가유공자 등 예우 및 지원에 관한 법률」 제6조에 따라 등록된 국가유공자 또는 그 유족(선순위자만 해당)

④ 「고엽제후유의증 등 환자지원에 관한 법률」 제4조에 따라 등록된 고엽제후유증환자, 고엽제후유의증환자 또는 고엽제후유증 2세환자

⑤ 「참전유공자예우 및 단체설립에 관한 법률」 제5조에 따라 등록된 참전유공자

⑥ 「5·18민주유공자예우에 관한 법률」 제7조에 따라 등록 결정된 5·18 민주유공자 또는 그 유족(선순위자만 해당)

⑦ 「특수임무유공자 예우 및 단체설립에 관한 법률」 제6조에 따라 등록된 특수임무수행자 또는 그 유족(선순위자만 해당)

⑧ 「의사상자 등 예우 및 지원에 관한 법률」 제5조에 따라 인정된 의상자 또는 의사자유족(선순위자만 해당)

⑨ 「한부모가족지원법」 제5조에 따른 보호대상자

⑩ 정보처리시스템을 이용하여 주택임대차계약을 체결하고 전자계약증서에 확정일자 부여를 신청한 사람

- 확정일자를 받은 주택임대차계약서를 분실·멸실한 경우에는 해당 읍사무소, 면사무소, 동 주민센터 또는 시·군·구의 출장소에서 확정일자 부여 시 작성한 확정일자부를 열람하고 이에 의하여 확정일자를 받은 사실을 증명할 수 있으면, 우선변제권을 주장할 수 있습니다.

(4) 우선변제권의 발생시기

- 임차인이 주택의 인도와 전입신고를 마친 당일 또는 그 이전에 주택임대차계약서에 확정일자를 갖춘 경우에는 주택의 인도와 전입신고를 마친 다음날 오전 0시부터 우선변제권이 생깁니다(대법원 1999. 3. 23. 선고 98다46938 판결).
- 우선변제권을 행사하기 위해서는 우선변제권의 요건이 경매절차에 따르는 배당요구의 종기인 경락기일까지 존속되고 있어야 합니다(대법원 1997. 10. 10. 선고 95다44597 판결).

※ 전세금보장신용보험

- 주택의 임차인이 임대인으로부터 회수해야 할 임차보증금을 보호받기 위해 본인이 스스로 가입할 수 있는 보험상품으로 전세금보장신용보험이 있습니다.
- 이 보험에 관한 업무는 서울보증보험에서 취급하고 있습니다.
- 전세금보장신용보험은 임차기간 중 해당 주택이 경매되거나 임대차계약이 해지 또는 종료된 후 30일이 경과되었음에도 불구하고 임차보증금을 반환 받지 못함으로써 임차인이 입은 손해를 보상해 줍니다.

※ 전세금보장신용보험에 관한 자세한 내용은 SGI서울보증(http://www.sgic.co.kr)에서 확인하실 수 있습니다.

다가구주택을 임대차한 경우

Q. A씨는 다가구주택의 103호를 임대하면서 그냥 지번만 기재하고 전입신고를 하였습니다. A씨는 대항력을 취득할 수 있을까요?

A. 다가구주택은 원래 단독주택으로 건축허가를 받아 건축되고, 건축물관리대장에도 구분소유가 불가능한 건물입니다. 따라서 A씨는 「주민등록법 시행령」 제9조제3항에 따라 임차인이 위 건물의 일부나 전부를 임차하여 전입신고를 하는 경우 지번만 기재하는 것으로 충분하고, 나아가 그 전유부분의 표시까지 기재할 의무나 필요가 있다고 할 수 없고, 임차인이 실제로 위 건물의 어느 부분을 임차하여 거주하고 있는지 여부의 조사는 단독주택의 경우와 마찬가지로 위 건물에 담보권 등을 설정하려는 이해관계인의 책임 하에 이루어져야 합니다(대법원 2002. 3. 15. 선고 2001다80204 판결). 다가구주택의 103호를 임대하면서 지번만 기재한 A씨는 대항력을 취득합니다.

연립주택을 임대차한 경우
Q. B씨는 연립주택의 103동을 임대하면서 그냥 지번만 기재하고 전입신고를 하였습니다. B씨는 대항력을 취득할 수 있을까요?
A. 연립주택 중 1개 세대에 대한 미등기전세권자가 연립주택 동호수를 기재하지 아니하고 그 지번만을 신고하여 주민등록된 경우, 그 주민등록을 임대차에 대한 유효한 공시방법으로 볼 수 없습니다(대법원 1995.4.28. 선고 94다27427 판결). 따라서 연립주택의 103호를 임대하면서 지번만 기재한 B씨는 대항력을 취득할 수 없습니다.

틀린 주소로 낭패 보는 경우
Q. 임대차계약을 체결하고, 이사를 들어간 다세대주택 현관문에 적힌 호수는 201호인데 등기부상에는 101호라고 하네요. 등기부상의 주소와 주민등록상의 주소가 다를 경우 어떻게 되나요?
A. 전입신고 한 번지와 임차주택의 등기부상의 번지가 다른 경우 그 임차인은 「주택임대차보호법」의 대항요건을 갖추고 있지 않기 때문에 보호를 받을 수 없게 됩니다. 공동주택(아파트, 연립, 다세대주택)의 번지, 동·호수를 누락했거나 잘못 적은 경우나 대문에 적힌 호수와 등기부에 적힌 호수가 같은지 확인하지 않고 대문의 호수로 전입신고한 경우가 여기에 해당합니다. 다만, 다가구 주택의 경우에는 단독주택에 속하므로 호수를 기재하지 않아도 「주택임대차보호법」의 보호를 받을 수 있습니다. ◇ 전입신고 시 유의사항 ☞ 전입신고를 하기 전에 반드시 부동산등기사항증명서를 발급받아서 번지, 동, 호수 등을 확인한 후에 전입신고를 해야 기재오류로 인한 손해를 막을 수 있습니다. ☞ 담당공무원의 착오에 의한 기재 잘못은 대항력 발생에 영향력이 없습니다.

◇ 신축 중인 주택에 대한 전입신고

☞ 이 경우 나중에 준공검사가 끝나서 건물등기부가 작성되면 그 등기사항증명서를 발급받아 동·호수를 다시 확인해야 합니다.

압류

Q. 임대차계약을 하고 살고 있는 집이 압류되었는데, 집을 비워줘야 하나요?

A. 압류만 되어 있는 상태라면 당장 집을 비워 줄 필요는 없습니다. 또한 대항력을 갖춘 경우라면 추후 경매가 되어도 비워주지 않아도 됩니다.

해당 임대차는 그 등기가 없더라도, 임차인이 임대차 계약 후 ① 주택을 인도받고 ② 주민등록을 마친 때에는 그 다음날부터 대항력이 생깁니다. 따라서 그 후의 권리자에게 대항할 수 있습니다.

대항력을 보유한 임차인은 제3자, 즉 임차 주택의 양수인, 임대할 권리를 승계한 사람, 그 밖에 임차 주택에 관해 이해관계를 가지고 있는 사람에게 임대차의 내용을 주장할 수 있습니다.

따라서 살고 있는 집이 압류되었고, 추후 경매가 된다 하더라도 대항력을 갖춘 경우에는 걱정하실 필요가 없습니다.

다만, 선순위권자(예를 들어 대항력이 발생하는 일자보다 앞서 등기가 되어 있는 담보권자가 있는 경우)가 있는 경우에는 대항력을 갖추었다 하더라도 경매 시 문제가 발생할 수 있으니 이를 확인해야 합니다.

◇ 대항력

☞ "대항력"이란 임차인이 제3자 즉 임차 주택의 양수인, 임대할 권리를 승계한 사람, 그 밖에 임차주택에 관해 이해관계를 가지고 있는 사람에 대하여 임대차의 내용을 주장할 수 있는 법률상의 힘을 말합니다.

☞ 임대차는 임대차 등기를 하지 않더라도, 임차인이 ① 주택의 인도(이사)와 ② 주민등록을 마친 때에는 그 다음날부터 대항력이 생깁니다.

◇ 주택의 인도

☞ "주택의 인도"란 점유의 이전을 말하는데, 주택에 대한 사실상의 지배가 임대인으로부터 임차인에게로 이전하는 것을 말합니다. 즉 임차인이 입주해서 살고 있는 것을 뜻합니다.

☞ 만약 실제로 임차인이 임차 주택으로 이사를 해서 거주하지 않고 있다면 「주택임대차보호법」의 보호를 받을 수 없게 됩니다.

경매
Q. 임차하여 살고 있는 집이 경매로 넘어갔다고 합니다. 보증금을 돌려받을 수 있을까요?
A. 대항력과 확정일자를 받았다면 임차인은 우선변제권을 갖고, 이 경우 임차인은 임차주택이 경매 또는 공매에 붙여졌을 때 그 경락대금에서 다른 후순위권리자보다 우선하여 보증금을 변제받을 수 있습니다. ◇ 우선변제권 ☞ 우선변제권이란 임차인이 보증금을 다른 채권자보다 우선 변제받을 수 있는 권리를 말합니다. ☞ 임차인은 ① 대항요건(주택의 인도 및 전입신고)과 ② 임대차계약서상의 확정일자를 갖춘 경우에는 우선변제권을 갖습니다. ◇ 확정일자 ☞ 확정일자란 증서가 작성된 날짜에 주택임대차계약서가 존재하고 있음을 증명하기 위해 법률상 인정되는 일자를 말합니다. ☞ 임차인, 임차인의 대리인 등 주택임대차계약서의 소지인은 주택소재지의 읍사무소, 면사무소, 동 주민센터 또는 시·군·구의 출장소에서 확정일자를 부여받을 수 있습니다. ☞ 확정일자를 받기 위해서는 ① 임대인·임차인의 인적사항, 임대차 목적물, 임대차 기간, 보증금 등이 적혀 있고, ② 계약당사자의 서명 또는 기명날인이 되어 있는 완성된 문서여야 합니다. ☞ 주택임대차의 주택과 그 기간 등이 기재되어 있지 않은 영수증 등에 확정일자를 받더라도 우선변제권의 효력은 발생하지 않으므로 주의를 요합니다. ◇ 우선변제권의 발생시기 ☞ 임차인이 주택의 인도와 전입신고를 마친 당일 또는 그 이전에 주택임대차계약서에 확정일자를 갖춘 경우에는 주택의 인도와 전입신고를 마친 다음날 오전 0시부터 우선변제권이 생깁니다.

확정일자 신청관련
Q. 확정일자를 신청하려면 어떻게 해야 하나요?
A. ○ 확정일자를 신청하려면 아래의 서류를 구비하여 건물소재지 관할 세무서 민원실에 신청하시면 됩니다. - 사업자등록신청서 - 임대차계약서 원본(계약당사자의 서명 및 날인이 있어야 함) * 임대차계약서에는 임대인 및 임차인의 인적사항, 건물소재지, 임대차의 목적물 및 면적, 임대차기간, 보증금 및 월세 등이 반드시 기재되어 있어야 합니다. * 사업자등록 명의자와 이차인이 동일인이어야 합니다. - 사업장 도면, 본인 신분증 ○ 기타세법과 관련된 문의사항은 세미래 콜센터(국번없이 126)또는 국세청 홈페이지(https://www.nts.go.kr)를 이용하시면 도움을 받으실 수 있습니다.

2. 주택임대차 등기

1) 주택임대차 등기

(1) 임차인은 당사자간에 반대 약정이 없으면 임대인에 대해 그 임대차등기절차에 협력할 것을 청구할 수 있습니다.

「주택임대차보호법」에 따라 임차인은 주택의 인도와 주민등록을 마치면 대항력을 가지고, 확정일자를 갖춘 경우에만 우선변제권을 취득·유지하게 됩니다(「주택임대차보호법」 제3조제1항 및 제3조의2제2항).그러나 주택임대차 등기를 마치게 되면 위 요건이 없어도 대항력 및 우선변제권을 취득·유지할 수 있습니다.

(2) 주택임대차 등기의 효과

- 임차인은 임차권등기를 마치면 대항력과 우선변제권을 취득합니다. 다만, 임차인이 임차권등기 이전에 이미 대항력이나 우선변제권을 취득한 경우에는 기존에 취득한 대항력이나 우선변제권은 그대로 유지되며, 임차권등기 이후에는 주택의 인도와 주민등록과 같은 대항요건을 상실하더라도 이미 취득한 대항력이나 우선변제권을 상실하지 않습니다.
- 임차권등기가 끝난 주택(임대차의 목적이 주택의 일부분인 경우에는 해당 부분으로 한정)을 그 이후에 임차한 임차인은 소액보증금의 우선변제를 받을 권리가 없습니다.

2) 주택임대차 등기절차

(1) 등기신청인

- 주택임대차의 등기는 임대인이 등기의무자가 되고 임차인이 등기권리자가 되어 공동으로 임차건물의 소재지를 관할하는 지방법원, 그 지원 또는 등기소에 신청해야 합니다.
- 임대인이 임차권등기에 협력하지 않는 경우, 반대약정이 없으면 임대인에 대해 임차권등기절차에 협력할 것을 청구할 수 있으므로, 임차

인은 '임차권설정등기절차를 이행하라'는 취지의 이행판결을 받아 단독으로 등기를 신청할 수 있습니다.

(2) 등기신청

- 주택임대차의 등기는 신청인 또는 그 대리인이 등기소에 출석해 신청정보 및 첨부정보를 적은 서면을 제출하여 신청할 수 있습니다.
- 임차권설정 또는 임차물 전대의 등기를 신청하는 경우에는 다음을 신청정보의 내용으로 등기소에 제공해야 합니다.

① 차임(借賃)

② 범위

③ 차임지급시기

④ 존속기간(다만, 처분능력 또는 처분권한 없는 임대인에 의한 단기임대차인 경우에는 그 뜻도 기재)

⑤ 임차보증금

⑥ 임차권의 양도 또는 임차물의 전대에 대한 임대인의 동의

⑦ 임차권설정 또는 임차물전대의 범위가 부동산의 일부인 때에는 그 부분을 표시한 도면의 번호

※ 임차인이 대항력이나 우선변제권을 갖추고 「민법」 제621조제1항에 따라 임대인의 협력을 얻어 임대차등기를 신청하는 경우에는 신청서에 위의 사항 외에 다음의 사항을 적어야 하며, 이를 증명할 수 있는 서면을 첨부해야 합니다(「주택임대차보호법」 제3조의4제2항).

- 주민등록을 마친 날
- 임차주택을 점유한 날
- 임대차계약증서상의 확정일자를 받은 날

- 임대차의 등기를 신청하는 경우 다음 정보를 그 신청정보와 함께 첨부정보로서 등기소에 제공해야 합니다.

① 등기원인을 증명하는 정보 : 약정에 따른 경우에는 임차권설정 계약서, 판결에 따른 경우에는 판결정본과 확정증명서

② 등기원인에 대해 제3자의 허가, 동의 또는 승낙이 필요한 경우에는 이를 증명하는 정보 및 인감증명

` 등기상 이해관계 있는 제3자의 승낙이 필요한 경우에는 이를 증명하는 정보 또는 이에 대항할 수 있는 재판이 있음을 증명하는 정보

` 신청인이 법인인 경우에는 그 대표자의 자격을 증명하는 정보

` 대리인이 등기를 신청하는 경우에는 그 권한을 증명하는 정보

③ 임대차의 목적이 주택의 일부분인 경우에는 그 부분을 표시한 지적도나 건물도면

④ 임차권자의 주민등록번호 등·초본(3개월 이내의 것)

⑤ 임차권 설정자인 소유자의 인감증명서(3개월 이내의 것)

⑥ 등록면허세 영수필 확인서

(3) 수수료 납부

신청인은 임대차의 등기 신청수수료 15,000원을 납부합니다.

[별표 1]

부동산등기신청수수료액

(「등기사항증명서 등 수수료규칙」 제5조의2에 의한 등기신청의 경우)

등기의 목적		수수료	비고
1. 소유권보존등기		15,000원	
2. 소유권이전등기		15,000원	
3. 소유권 이외의 권리설정 및 이전등기		15,000원	
4. 가등기 및 가등기의 이전등기		15,000원	
5. 변경 및 경정등기 (다만, 착오 또는 유루발견을 원인으로 하는 경정등기신청의 경우는 수수료 없음)	가. 등기명의인 표시	3,000원	행정구역·지번의 변경, 주민등록번호(또는 부동산등기용등록번호) 정정의 경우에는 신청수수료 없음
	나. 각종권리	3,000원	
	다. 부동산표시	없음	
6. 분할·구분·합병등기		없음	대지권에 관한 등기는 제외 (각 구분건물별 3,000원)
7. 멸실등기		없음	
8. 말소등기		3,000원	예고등기의 말소등기 경우에는 신청수수료 없음
9. 말소회복등기		3,000원	
10. 멸실회복등기		없음	
11. 가압류·가처분등기		3,000원	
12. 압류등기 및 압류말소등기 (체납처분 등 등기)	가. 국세, 지방세	없음	

	나. 의료보험 등 공과금	3,000원	
13. 경매개시결정등기, 강제관리등기		3,000원	
14. 파산·화의·회사정리등기		없음	
15. 신탁등기	가. 신탁등기	없음	
	나. 신탁등기의 변경, 말소등기 등 신탁관련 기타 등기	없음	
16. 환매권등기	가. 환매특약의 등기 및 환매권 이전등기	15,000원	
	나. 환매권 변경, 말소 등 환매권 관련 기타 등기	3,000원	
17. 위에서 열거한 등기 이외의 기타 등기		3,000원	

제3장

이사

제3장 이사

제1절 이사 전의 체크리스트

1. 이사업체 선정 및 관련 분쟁해결 등

1)이사업체 선정 및 관련 분쟁해결

(1) 이사방법 결정

- 이사를 하려는 고객은 이사화물의 수량, 비용, 시간 등을 고려해서 이사방법을 결정해야 하는데, 그 방법으로는 일반이사와 포장이사가 있습니다.
- 일반이사란, 고객이 이사화물의 포장과 정리를 맡고 이사화물의 운송을 취급하는 사업자(이하 “사업자”라 함)는 이사화물의 운송만을 맡아서 하는 이사를 말합니다. 포장이사란, 고객이 이사화물의 포장과 정리를 사업자에게 의뢰하여 그 사업자가 이사화물의 포장, 운송, 정리를 모두 맡아서 하는 이사를 말합니다.

(2) 사업자에 견적 의뢰

- 이사방법을 결정하고 사업자에게 견적을 의뢰하면, 그 사업자는 다음 사항을 기재한 견적서를 작성하여 교부해 줍니다.

① 업체의 상호, 사업자등록번호, 대표자, 주소, 전화번호 및 견적서를 작성한 담당자의 성명

② 의뢰자의 성명, 주민등록번호, 주소, 전화번호

③ 이사화물의 인수·인도일시, 발송·도착장소, 주요 내역(종류·무게·부피 등) 및 운임단가

④ 작업조건(운송자동차의 종류 및 대수, 작업인원, 포장 및 정리 여부, 장비사용 내역)

⑤ 운임 등의 합계액 및 그 내역

⑥ 그 밖에 필요한 사항

(3) 사업자의 선정

- 사업자의 견적을 받아 견적금액을 비교한 후에는 사업자를 선정해야 하는데, 국토교통부장관의 허가를 받은 사업자를 선정해야 이사와 관련한 손해에 대한 피해보상을 받기가 쉽습니다.
- 사업자가 허가받은 사업자인지를 확인하려면 전국화물자동차 운송주선사업 연합회(http://www.kffa.or.kr)에서 검색, 시·군·구청에 문의하거나 이사화물의 견적을 받거나 계약을 하는 때에 화물자동차 운송사업 허가증의 사본을 요구해서 확인할 수 있습니다.

(4) 이사화물운송계약서의 작성

- 계약불이행으로 인한 손해와 이삿짐 피해에 대한 보상을 받기 위해서는 이사화물운송계약서를 서면으로 작성하는 것이 좋습니다. 허가를 받은 화물자동차 운송사업자는 운송약관을 정하여 국토교통부장관에게 신고하여야 하는데, 그 운송사업자가 화물자동차 운송사업의 허가를 받는 때에 표준약관의 사용에 동의하면 위 신고를 한 것으로 봅니다.

※ 이사화물 표준약관 - 표준약관이란 화물자동차 운수사업자로 구성된 협회 또는 협회의 연합회가 작성한 것으로서 「약관의 규제에 관한 법률」 제19조의2에 따라 공정거래위원회의 심사를 거친 화물운송에 관한 표준이 되는 약관을 말합니다. - 이하의 내용은 「이사화물 표준약관」(공정거래위원회 표준약관 제10035호)에 따른 설명이므로, 고객과 사업자가 개별적으로 체결한 이사화물계약에 일반적으로 적용될 수 없습니다. - 또한, 「이사화물 표준약관」에서 정하고 있는 사항에 관해 고객과 사업자가 약관의 내용과 다르게 합의한 사항이 있는 때에는 그 합의사항이 표준약관보다 우선하여 적용됩니다.

- 고객은 사업자로부터 「이사화물 표준약관」의 내용과 피해의 구제방법과 관련기관의 명칭 및 전화번호 등에 대해 설명을 들을 수 있고, 약관의 사본을 요청할 수 있습니다.
- 고객은 다음의 사항이 기재된 이사화물운송계약서를 사업자로부터 교부받습니다.

① 업체의 상호, 사업자등록번호, 대표자, 주소, 전화번호 및 계약서를 작성한 담당자의 성명

② 의뢰자의 성명, 주민등록번호, 주소, 전화번호

③ 이사화물의 인수·인도일시, 발송·도착장소, 주요 내역(종류·무게·부피 등) 및 운임단가

④ 작업조건(운송자동차의 종류 및 대수, 작업인원, 포장 및 정리 여부, 장비사용 내역)

⑤ 운임 등의 합계액 및 그 내역

⑥ 계약금 및 운임 등의 잔액

⑦ 운송상의 특별한 주의사항(파손되기 쉬운 물건의 기재 등) 및 고객의 특별한 요청사항

⑧ 그 밖의 필요한 사항

- 사업자는 운임 등에 대해 견적서에 기재된 금액을 초과하여 계약서에 기재해서는 안 됩니다. 다만, 고객의 요청에 따라 이사화물의 내역 등 운임 등의 산정에 관한 사항이 변경되어 견적서의 금액을 초과하는 경우에는 그 초과금액을 미리 고객에게 고지한 경우에만 초과된 금액을 계약서에 기재될 수 있습니다.

(5) 이사

- 계약금 및 운임의 지급

① 사업자는 계약서를 교부할 때 계약금으로 운임 등 합계액의 10%에 해당하는 계약금을 청구할 수 있습니다.

② 사업자는 일반이사의 경우 이사화물 전부의 인도를 확인한 때, 포장이사의 경우 이사화물 전부를 정리하여 확인한 때에 계약금을 제외한 잔액을 청구할 수 있습니다.

③ 사업자는 계약서에 기재된 운임을 초과하여 청구하지 못합니다. 다만, 고객의 책임 있는 사유로 초과하여 그 초과금액을 미리 고객에게 고지한 경우에는 초과된 금액을 청구할 수 있습니다.

④ 고객은 운임 및 초과운임 이외의 수고비 등 어떠한 명목의 금액을 추가로 지급하지 않아도 됩니다.

- 이사화물의 수령을 거절할 수 있는 경우

  사업자는 고객과 특별한 조건으로 합의한 경우가 아니라면 이사화물이 다음의 어느 하나에 해당하는 경우에는 그 수령을 거절할 수 있습니다.

① 현금, 유가증권, 귀금속, 예금통장, 신용카드, 인감 등 휴대할 수 있는 귀중품

② 위험품, 불결한 물품 등 다른 화물에 손해를 끼칠 염려가 있는 이사화물

③ 동식물, 미술품, 공동품 등 운송에 특수한 관리를 요하기 때문에 다른 화물과 동시에 운송하기에 적합하지 않는 이사화물

④ 일반이사의 경우, 포장이 운송에 부적합하여 업체가 고객에게 적합한 포장을 해 줄 것을 요청하였으나 그 요청을 거절한 이사화물

- 사업자는 천재지변 등 불가항력적인 사유 또는 고객의 책임 없는 사유로 전부 또는 일부가 멸실되거나 수선이 불가능할 정도로 훼손된 경우에는 그 멸실, 훼손된 이사화물에 대한 운임 등은 청구하지 못하고, 이미 운임 등을 받은 때에는 이를 반환해야 합니다.

(6) 이사화물운송계약의 해제 및 손해배상

- 이사화물운송계약의 해제

  고객이 그의 책임 있는 사유로 계약을 해제한 경우에는 사업자에게 다음 구분에 따른 손해배상을 해야 합니다.

① 고객이 약정된 이사화물의 인수일 1일 전까지 해제를 통지한 경우 : 계약금

② 고객이 약정된 이사화물의 인수일 당일에 해제를 통지한 경우 : 계약금의 배액

- 사업자가 그의 책임 있는 사유로 계약을 해제한 경우에는 고객에게 다음 구분에 따른 손해배상을 해야 합니다. 다만, 고객이 이미 지급한 계약금이 있는 경우에는 손해배상액과는 별도로 그 계약금도 반환해야 합니다.

① 사업자가 약정된 이사화물의 인수일 2일 전까지 해제를 통지한 경우 : 계약금의 배액

② 사업자가 약정된 이사화물의 인수일 1일 전까지 해제를 통지한 경우 : 계약금의 4배액

③ 사업자가 약정된 이사화물의 인수일 당일에 해제를 통지한 경우 : 계약금의 6배액

④ 사업자가 약정된 이사화물의 인수일 당일에도 해제를 통지하지 않은 경우 : 계약금의 10배액

- 고객은 사업자의 귀책사유로 이사화물의 인수가 약정된 인수일시부터 2시간 이상 지연된 경우에는 계약을 해제하고, 이미 지급한 계약금의 반환 및 계약금의 6배액의 손해배상을 청구할 수 있습니다.

- 사업자의 손해배상책임

① 사업자는 자기 또는 사용인 그 밖의 이사화물의 운송을 위해 사용한 자가 이사화물의 포장, 운송, 보관, 정리 등에 관해 주의를 게을리하지 않았음을 증명하지 못하면, 고객에게 다음의 구분에 따른 손해배상의 책임을 집니다.

연착되지 않은 경우	연착된 경우
- 전부 또는 일부 멸실된 경우: 약정된 인도일과 도착장소에서의 이사화물의 가액을 기준으로 산정한 손해금의 지급 - 훼손된 경우: 수선이 가능한 경우에는 수선해 주고, 수선이 불가능한 경우에는 약정된 인도일과 도착장소에서의 이사화물의 가액을 기준으로 산정한 손해금의 지급	- 멸실 및 훼손되지 않은 경우: 계약금의 10배액 한도에서 약정된 인도일시부터 연착된 1시간마다 계약금의 반액을 곱한 금액(연착시간 수 × 계약금 × 1/2)의 지급. 다만, 연착시간 수의 계산에서 1시간 미만의 시간은 산입하지 않음. - 일부 멸실된 경우: 약정된 인도일과 도착장소에서의 이사화물의 가액을 기준으로 산정한 손해금의 지급 및 계약금의 10배액 한도에서 약정된 인도일시부터 연착된 1시간마다 계약금의 반액을 곱한 금액(연착시간 수 × 계약금 × 1/2)의 지급 - 훼손된 경우: 수선이 가능한 경우는 수선해 주고 계약금의 10배액 한도에서 약정된 인도일시부터 연착된 1시간마다 계약금의 반액을 곱한 금액(연찬시간 수 × 계약금 × 1/2)의 지급, 수선이 불가능한 경우에는 약정된 인도일과 도착장소에서의 이사화물의 가액을 기준으로 산정한 손해금의 지급 및 계약금의 10배액 한도에서 약정된 인도일시부터 연착된 1시간마다 계약금의 반액을 곱한 금액(연착시간 수 × 계약금 × 1/2)의 지급

② 사업자는 이사화물의 멸실, 훼손 또는 연착이 본인 또는 사용인 등의 고의나 중대한 과실로 인해 발생한 때 또는 고객이 이사화물의 멸실, 훼손 또는 연착으로 실제 발생한 손해액을 입증한 경우에는 통상의 손해를 한도로 그 손해를 배상해야 합니다.

③ 사업자는 다음 어느 하나의 사유로 이사화물의 멸실, 훼손 또는 연착된 경우에는 그 손해를 배상할 책임을 지지 않습니다. 다만, 그 사유의 발생에 대해 자신에게 책임이 없음을 입증해야 합니다.

ⓐ 이사화물의 결함, 자연적 소모

ⓑ 이사화물의 성질에 따른 발화, 폭발, 물그러짐, 곰팡이 발생, 부패, 변색 등

ⓒ 법령 또는 공권력의 발동에 따른 운송의 금지, 개봉, 몰수, 압류 또는 제3자에 대한 인도

ⓓ 천재지변 등 불가항력적인 이유

- 고객의 손해배상책임

① 고객의 책임 있는 사유로 이사화물의 인수가 지체된 경우에는 약정된 인수일시부터 지체된 1시간마다 계약금의 반액을 곱한 금액(지체시간 수 × 계약금 × 1/2)의 지급. 다만, 지체시간 수의 계산에서 1시간 미만의 시간은 산입하지 않습니다

② 고객의 책임 있는 사유로 이사화물의 인수가 약정된 일시부터 2시간 이상 지체된 경우에는, 사업자는 계약을 해제하고, 계약금의 배액을 손해배상으로 청구할 수 있습니다.

- 손해배상책임의 특별소멸사유 및 시효

① 이사화물의 일부 멸실 또는 훼손에 대한 사업자의 손해배상책임은 고객이 이사화물을 인도받을 날부터 30일 이내에 그 사실을 사업자에게 통지하니 않으면 소멸합니다. 다만, 사업자 또는 그 사용인이 일부 멸실 또는 훼손 사실을 알면서도 이를 숨기고 이사화물을 인도한 경우에는 사업자의 손해배상책임은 이사화물을 인도받을 날부터 5년간 존속합니다.

② 이사화물의 멸실, 훼손 또는 연착에 대한 사업자의 손해배상책임은, 고객이 이사화물을 인도받을 날부터 1년이 지나면 소멸합니다. 다만, 사업자 또는 그 사용인이 일부 멸실 또는 훼손 사실을 알면서도 이를 숨기고 이사화물을 인도한 경우에는 사업자의 손해배상책임은 이사화물을 인도받을 날부터 5년간 존속합니다.

- 운송사업자의 손해배상책임에 관한 분쟁조정

  고객은 이사화물의 멸실, 훼손 또는 인도의 지연으로 발생한 운송사업자의 손해배상책임에 관한 분쟁에 대해 한국소비자원(http://www.kca.go.kr) 또는 소비자단체 등에 분쟁조정을 신청할 수 있습니다.

(7) 사고증명서의 발행

고객은 이사화물이 운송 중에 멸실, 훼손 또는 연착된 경우 사업자로부터 그 날부터 1년간 사고증명서의 발행을 요청하여 받을 수 있습니다(「이사화물 표준약관」 제19조). 따라서 이사 당일 이사화물이 멸실, 훼손 또는 연착된 경우에는 즉시 사업자의 직원에게 확인시키고 사고증명서를 받아두고, 증거확보를 위해 사진을 찍어두는 것이 손해배상을 받는데 도움이 됩니다.

※ 이사화물운송계약에 관한 자세한 내용은 전국화물자동차 운송주선사업연합회(http://www.kffa.or.kr)에서 확인할 수 있습니다.

2)주소변경 및 각종 요금정산하기

(1) 우편물 주소의 변경

- 이사하기 일주일 전이나 3일 전에 종전의 주소지로 배달되는 우편물의 주소를 새로운 주소지로 변경하는 것이 좋습니다.
- 주소의 변경은 우체국의 주소이전신고서비스를 이용하면 편리합니다

(2) 공과금 등의 납부

전기요금, 상하수도요금, 도시가스요금 및 전화요금 등의 공과금은 이사하는 날 정산해야 하고, 납부자 명의도 변경해야 합니다.

(3) 관리비의 정산 및 장기수선충당금의 반환

- 아파트의 관리비는 이사 하루 전이나 당일에 아파트관리사무소에 가서 이사한다는 사실을 알리면서 관리비를 정산하여 납부하면 됩니다.
- 아파트의 장기수선충당금을 납부한 경우 그 아파트 소유자에게 반환을 받으면 됩니다.

제2절 이사 후의 체크리스트

1. 전입신고 등

1) 전입신고 및 확정일자 받기

(1) 세대주는 이사 후 14일 이내에 신거주지의 시장·군수 또는 구청장에게 전입신고를 해야 합니다.

- 주민등록의 전입신고가 있으면,「병역법」에 따른 병역의무자의 거주지 이동 신고, 「인감증명법」에 따른 인감의 변경신고,「국민기초생활 보장법」에 따른 급여수급자의 거주지 변경신고,「국민건강보험법」에 따른 국민건강보험 가입자의 거주지 변경신고 및「장애인복지법」에 따른 거주지 이동의 전출신고와 전입신고를 한 것으로 봅니다.
- 정당한 이유 없이 전입신고를 이사 후 14일 이내에 하지 않으면 5만원 이하의 과태료가 부과됩니다.

(2) 임차보증금에 대한 우선변제권을 취득하기 위해서 전입신고를 할 때 임대차계약서를 가지고 가서 확정일자를 받는 것이 좋습니다.

2) 자동차 주소지의 변경등록

(1) 자동차 소유자는 자동차 주소지의 변경이 있을 때에는 그 사유가 발생한 날부터 30일 이내에 시장·군수 또는 구청장에게 변경등록을 신청해야 합니다.

- 자동차 소유자의 주민등록지가 해당 자동차의 사용본거지(자동차소유자가 개인인 경우에는 그 소유자의 주민등록지)인 경우에 주민등록 전입신고를 한 때에 변경신고를 한 것으로 봅니다.
- 변경등록을 하지 않은 경우 50만원 이하의 과태료가 부과됩니다.

※ 자동차 소유자가 자동차의 사용본거지를 다른 광역시·도로 변경한 때에는 변경한 날부터 30일 이내에 등록관청에 변경등록을 신청해야 하지만, 자동차 소유자의 주민등록지·국내체류지 또는 국내거소가 해당 자동차의 사용본거지인 경우에는 그러하지 않습니다.

3) 아이 전학시키기

(1) 초등학생의 전학

초등학교의 학생이 주소의 이전으로 전학하는 경우 그 학생의 보호자는 재학 중인 학교의 장과 해당 학생이 전입한 지역을 관할하는 읍·면·동의 장으로부터 전학할 학교로 지정받은 학교의 장에게 각각 그 사실을 알려야 합니다. 이 경우 학생의 보호자로부터 학생의 전학 사실을 통보받은 전학할 학교의 장은 해당 학생의 주소지 변경을 확인하기 위하여 「전자정부법」 제36조제1항에 따른 행정정보의 공동이용을 통하여 주민등록전산정보자료를 확인하여야 하며, 해당 학생의 보호자가 그 확인에 동의하지 않는 경우에는 주소지 변경이 확인되는 서류를 제출하게 해야 합니다.

(2) 중학생의 전학

중학교의 전학은 거주지를 학구로 하는 초등학교가 속하는 학교군 또는 중학구 내의 중학교에 한하며, 이 경우 학교군에 있어서는 전학의 신청서류 접수일부터 7일 이내에 교육장이 정하는 방법에 따라 교육장이 추첨·배정하고, 중학구에 있어서는 그 중학구안의 중학교의 장이 이를 허가합니다.

(3) 고등학생의 전학

- 일반계 주간부 고등학교에서 평준화 지역에 소재하는 일반계 주간부 고등학교로 전학하는 경우에는 전학하려는 사람의 거주지가 학교군 또는 시·도가 다른 지역에서 이전된 경우에 한정하며, 교육감이 전학할 학교를 배정합니다.
- 이 경우 거주지가 이전된 자 중 해당 학교군에 소재하는 학교에 결원이 없고 인근 학교군에 소재하는 학교에 결원이 있는 경우로서 본인이 원하는 경우에는 거주지의 인근 학교군에 소재하는 학교로의 전학을 허용할 수 있습니다.

제4장

입주생활

제4장 입주생활

제1절 임차료

1. 차임의 지급 및 연체

1) 임차인의 차임지급 의무

임차인은 임차주택의 사용·수익의 대가로 임대인에게 차임을 지급해야 합니다(「민법」 제618조).

2) 차임의 지급시기

임차인과 임대인 사이에 차임의 지급시기에 관한 약정이 없는 경우에는, 매월 말에 지급하면 됩니다(「민법」 제633조).

3) 차임의 연체와 해지

(1) 임대인은 임차인이 차임을 2회 이상 연체한 경우에는 임대차계약을 해지할 수 있습니다(「민법」 제640조).

※ 2회는 차임의 지급시기를 기준으로 판단합니다. 예를 들어 1년에 한 번씩 120만원을 지급하기로 한 임대차의 경우에는 2년분의 차임, 240만원이 됩니다.
연체액이 2회의 차임에 해당하면 되고, 연속적으로 차임을 연체할 필요는 없습니다. 예를 들어, 매월 차임을 지급하기로 약정한 때에는, 연속해서 두 달의 차임을 연체한 경우는 물론, 10월분 차임을 연체하고 11월분 차임은 지불하고 다시 12월 분 차임을 연체하면 총 2개월분의 차임을 연체한 것이 되어 임대차계약이 해지될 수 있습니다.

(2) 위 규정을 위반하는 약정으로서 임차인에게 불리한 것은 무효로 됩니다(「민법」 제652조).

예를 들어, 1회분의 차임을 연체한 때에 계약을 해지할 수 있는 것으로 약정하거나, 2회 이상의 연체가 있으면 해지의 의사표시가 없어도 임대차계약이 자동으로 종료한다는 계약조항은 임대인의 해지권 행사요건을 완화하여 임차인에게 불리하므로 무효입니다.

4) 공동 임차인의 연대의무

여러 사람이 공동으로 주택을 임차하여 사용·수익하는 경우에는 임차인 각자가 연대해서 차임지급 의무를 부담하게 됩니다(「민법」 제616조 및 제654조).

2. 차임 또는 보증금의 증감청구

1) 차임 또는 보증금의 증액

(1) 증액 청구

- 임대인은 임대차계약이 존속 중에 약정한 차임이나 보증금이 임대주택에 대한 조세, 공과금, 그 밖의 부담의 증가나 경제사정의 변동으로 적절하지 않게 된 때에는 장래에 대하여 그 증액을 청구할 수 있습니다.

① 임대차계약이 갱신되는 경우에도 임대차가 존속하고 있는 것으로 보아야 하므로 증액청구를 할 수 있습니다.

② 다만, 임대차계약이 종료된 후 재계약을 하는 경우 또는 임대차계약 종료 전이라도 당사자가 합의하는 경우에는 차임이나 보증금을 증액할 수 있습니다(대법원 2002. 6. 28. 선고 2002다23482 판결).

- 임대인의 차임증액청구는 당사자 사이에 차임증액을 금지하는 특약이 있는 경우에는 할 수 없습니다. 그러나 임대인은 차임불증액의 특약이 있더라도 그 약정 후 그 특약을 그대로 유지시키는 것이 신의칙에 반한다고 인정될 정도의 사정변경이 있는 경우에는 차임증액청구를 할 수 있습니다(대법원 1996. 11. 12. 선고 96다34061 판결).

(2) 증액의 제한

- 임대차계약 또는 차임이나 보증금의 증액이 있은 후 1년 이내에는 증액청구를 할 수 없습니다.
- 약정한 차임이나 임차보증금의 20분의 1의 금액을 초과하여 증액청구를 할 수 없습니다. 다만, 특별시·광역시·특별자치시·도 및 특별자치도는 관할 구역 내의 지역별 임대차 시장 여건 등을 고려하여 위 20분의 1의 범위에서 증액청구의 상한을 조례로 달리 정할 수 있습니다.
- 증액의 제한은 2020년 7월 31일 이전부터 존속 중인 임대차에 대하여도 적용됩니다(「주택임대차보호법」 부칙<제17470호> 제2조제1항). 그러나 2020년 7월 31일 전에 임대인이 갱신을 거절하고 제3자와 임대차계약을 체결한 경우에는 적용되지 않습니다.

(3) 증액 부분에 대한 대항력 및 우선변제권의 취득

- 증액청구에 따라 차임이나 보증금을 올려주었거나 재계약을 통해서 올려준 경우에는 그 증액된 부분을 위한 임대차계약서를 작성하여, 그 증액부분의 임대차계약서에 확정일자를 받아 두어야만 그 날부터 후순위권리자보다 증액부분에 대해서 우선하여 변제받을 수 있습니다.
- 따라서 차임이나 보증금을 증액하는 경우에는 부동산등기부를 확인하여 임차주택에 저당권 등 담보물권이 새롭게 설정되어 있지 않는지를 확인한 후 증액 여부를 결정하는 것이 안전합니다.
- 대항력을 갖춘 임차인이 저당권설정등기 이후에 임대인과의 합의에 의하여 보증금을 증액한 경우에는 보증금 중 증액부분에 관해서는 저당권에 기하여 건물을 경락받은 소유자에게 대항할 수 없게 됩니다(대법원 1990.8.14. 선고 90다카11377 판결).

[Q&A] 차임 또는 보증금의 상한
① 임대료 상한 제한(5% 이내)은 언제 적용되는 것인지
☞ 임대료 제한은 존속중인 계약에서 임대료를 증액하거나 계약갱신청구권을 행사하는 경우에만 적용
② 임대인이 요구하면 5%를 무조건 올려주어야 하는지
☞ 그렇지 않음. 5%는 임대료를 증액할 수 있는 상한 일 뿐이고 임대인과 임차인은 그 범위 내에서 얼마든지 협의를 통해 임대료를 정할 수 있음
③ 지자체가 5% 이내에서 조례로 달리 정할 수 있는데, 지역별로 달라지는 임대료 상한은 언제 마련되는지
☞ 지자체가 별도로 정하지 않으면 5% 이내가 적용되며, 지자체가 별도로 5% 이내에서 설정 가능
④ 계약갱신청구권 행사 시 전세→ 월세 전환이 가능한지
☞ 개정 법률 상 갱신되는 임대차는 전 임대차와 동일한 조건으로 다시 계약된 것으로 보므로 전세→ 월세 전환은 임차인 동의 없는 한 곤란
☞ 다만, 동의에 의해 전환하는 경우에도 「주택임대차보호법」 제7조의2에 따른 법정 전환율이 적용됨
* 법정전환율: 보증금의 전부 또는 일부를 월 단위 차임으로 전환하는 경우에는 "10%"와 "기준금리(現0.5%) + 3.5%" 중 낮은 비율을 적용
※ (CASE) 계약갱신청구권 행사 시 전세→ 월세 전환 예시
√ (전세 5억원) → 보증금 3억원 월세 67만원 or 보증금 2억원 월세 100만원

2) 차임 또는 보증금의 감액

(1) 감액 청구

임차인은 임대차계약의 존속 중에 약정한 차임이나 보증금이 임대주택에 대한 조세, 공과금, 그 밖의 부담의 증가나 경제사정의 변동으로 적절하지 않게 된 때에는 장래에 대하여 그 감액을 청구할 수 있습니다.

임대차계약이 갱신되는 경우에도 임대차가 존속하고 있는 것으로 보아야 하므로 감액청구를 할 수 있습니다.

(2) 감액의 제한

증액금지의 특약과는 달리, 감액금지의 특약은 임차인에게 불리하기 때문에 효력이 없습니다. 따라서 임차인은 차임감액금지특약을 하였더라도 경제사정의 변경 등을 원인으로 차임감액청구를 할 수 있습니다.

※ 「민법」에 따른 전세권의 경우-전세금의 증감청구
- 전세금이 목적 부동산에 관한 조세·공과금 그 밖의 부담의 증감이나 경제사정의 변동으로 상당하지 않게 된 때에는 당사자는 장래에 대하여 전세금의 증감을 청구할 수 있습니다.
- 다만, 전세금의 증액청구는 약정한 전세금의 20분의 1을 초과하지 못하고, 전세권설정계약이 있은 날 또는 약정한 전세금의 증액이 있은 날로부터 1년 이내에는 할 수 없습니다.

올려준 전세금의 약점
Q. 우선변제권을 보유한 주택임차인입니다. 집주인이 전세금을 올려 달라고 하여 올려줬는데 증액분도 자동으로 우선변제권을 획득할 수 있나요?
A. 증액분에 대한 확정일자를 별도로 받아야 합니다. 임대인의 증액청구에 따라 차임이나 보증금을 올려주었거나 재계약을 통해서 올려준 경우에는 그 증액된 부분을 위한 임대차계약서를 작성하여 그 계약서에 확정일자를 받아 두어야만 그 날부터 후순위권리자보다 증액부분에 대해서 우선하여 변제받을 수 있습니다. ◇ 담보물권자에 대한 대항력 ☞ 대항력을 갖춘 임차인이 저당권설정등기 이후에 임대인과의 합의에 따라 보증금을 증액한 경우, 보증금 중 증액부분에 관해서는 저당권에 기하여 건물을 경락받은 소유자에게 대항할 수 없게 됩니다. ☞ 따라서 차임이나 보증금을 증액하는 경우에는 부동산등기부을 확인하여 임차주택에 저당권 등 담보물권이 새롭게 설정되어 있지는 않은지 확인한 후 증액 여부를 결정하는 것이 안전합니다.

전세금을 내리고 싶다면?
Q. 지금 살고 있는 집의 주변 시세가 많이 하락하여, 우리도 보증금을 조금 내리고 싶습니다. 계약 당시 보증금 증감청구 금지 특약을 하였는데, 이런 경우에도 보증금 감액을 청구할 수 있을까요?
A. 할 수 있습니다. 보증금 증액 금지 특약이 있는 경우에는 이에 따라 임대인은 증액청구를 할 수 없지만, 임차인은 감액금지특약을 하였더라도 경제사정의 변경 등을 원인으로 감액 청구를 할 수 있습니다. ◇ 차임·보증금 감액 청구 ☞ 임차한 주택에 대한 조세, 공과금, 그 밖의 부담의 감소나 경제사정의 변동으로 기존 보증금이 적절하지 않게 된 경우에는 임차인은 보증금의 감액을 청구할 수 있습니다. ☞ 임대차계약이 갱신되는 경우에도 임대차가 존속하고 있는 것으로 보아야 하므로 감액청구를 할 수 있습니다. ◇ 감액금지특약 ☞ 증액 금지의 특약은 유효하지만 감액금지 특약은 임차인에게 불리하기 때문에 효력이 없습니다. ◇ 감액 청구의 범위 ☞ 증액청구는 약정한 차임·보증금의 20분의 1을 넘지 못합니다. ☞ 감액청구의 경우에는 이러한 기준이 없기 때문에 실제 민사조정된 경우나 판결을 보면 5% ~ 10% 선부터 20%까지 감액되는 경우도 있습니다. ◇ 합의가 되지 않는 경우 ☞ 당사자 사이에 상당하다고 주장하는 감액에 관해 합의가 되지 않는 경우에는 법원에 차임 등의 감액청구의 소를 제기하거나, 민사조정 신청을 통해 그 상당액을 확정할 수 있습니다.

전세금을 올려달라면?
Q. 보증금 5천만원에 임차한 집에서 8개월째 살고 있습니다. 집주인이 주변시세가 많이 올랐다며, 보증금을 천만원을 더 올려달라고 합니다. 보증금을 올려주어야 하나요?
A. 올려주지 않아도 됩니다. 임대인의 보증금 증액청구는 임대차계약 또는 약정한 보증금의 증액이 있은 후 1년 이내에는 할 수 없습니다. 설사 1년이 지나서 증액을 청구한다 하더라도 약정한 보증금의 20분의 1의 금액을 초과하여 청구할 수 없습니다. 따라서 계약기간이 1년이 지나고 질문과 같이 보증금이 5천만원인 경우에는 250만원을 넘지 않는 범위에서는 증액을 요구할 수 있습니다. ◇ 임대인의 차임·보증금 증액 ☞ 임대인은 약정한 차임이나 보증금이 임차주택에 관한 조세, 공과금, 그 밖의 부담의 증가나 경제사정의 변동으로 인하여 적절하지 않게 된 경우에는 장래에 대하여 그 증액을 요구할 수 있습니다. ◇ 임대인이 요구할 수 있는 차임·보증금의 증액 한도 ☞ 증액 한도는 약정한 차임·보증금의 20분의 1을 넘지 못합니다. ◇ 임대인이 증액 한도를 초과하여 증액을 요구하는 경우 ☞ 계약기간이 1년이 지났고 보증금이 5천만원인데 집주인이 보증금 1천만원의 인상을 계속 요구하는 경우에는 법원에 가서 보증금의 5%인 250만원을 공탁하면 차임의 연체를 면하게 되고 그 집에서 계속 살 수 있습니다.

제2절 당사자의 권리·의무

1. 임차인의 권리·의무

1) 임차인의 권리

(1) 사용·수익권(임차권)

임차인은 임대차계약을 통해 임차주택을 사용·수익할 수 있는 임차권을 취득하게 됩니다(「민법」 제618조). 이를 위해 임대인에게 임차주택의 인도를 청구할 수 있고, 그 임차기간 중 사용·수익에 필요한 상태를 유지해 줄 것을 청구할 수 있습니다. 임차인이 제3자에게 임차권을 주장하려면, 대항력을 취득하거나 임대차등기를 해야 합니다.

(2) 임대차등기협력청구권

- 임대인과 임차인은 당사자간의 반대약정이 없으면, 임차인은 임대인에게 주택임대차 등기에 협력할 것을 청구할 수 있습니다.
- 다만, 임차인은 임대인에게 임대차등기 절차에 협력해 줄 것을 청구할 수 있을 뿐이고, 등기청구권까지 주어져 있는 것은 아니므로 임대인이 협력하지 않으면 임차인은 '임차권설정등기절차를 이행하라'는 취지의 이행판결을 받아 단독으로 등기를 신청하거나 법원의 임차권등기명령제도를 이용하여 임대차등기를 할 수 있습니다.

(3) 차임감액청구권

- 임차인은 임대차계약의 존속 중에 약정한 차임이나 보증금이 임대주택에 대한 조세, 공과금, 그 밖의 부담의 증가나 경제사정의 변동으로 적절하지 않게 된 때에는 장래에 대하여 그 감액을 청구할 수 있습니다.
- 차임 감액금지의 특약은 임차인에게 불리하기 때문에 효력이 없습니다.따라서 임차인은 차임감액금지특약을 하였더라도 경제사정의 변경 등을 원인으로 차임감액청구를 할 수 있습니다.

- 임차인은 임차주택의 일부가 임차인의 과실 없이 멸실, 그 밖의 사유로 사용, 수익할 수 없는 때에는 그 부분의 비율에 의한 차임의 감액을 청구할 수 있습니다. 이 경우 그 잔존부분으로 임차의 목적을 달성할 수 없는 때에는 임차인은 계약을 해지할 수 있습니다.

(4) 부속물매수청구권 또는 철거권

- 임차인은 임차주택의 사용편익을 위해 임대인의 동의를 얻어 이에 부속한 물건이 있는 때에는 임대차의 종료 시에 임대인에게 그 부속물의 매수를 청구할 수 있으며, 임대인으로부터 매수한 부속물에 대해서도 그 매수를 청구할 수 있습니다.
- 임차인은 부속물에 대해 임대인의 매수를 원하지 않는 경우 임차주택을 반환하는 때에 부속물을 철거할 수 있습니다.

(5) 필요비상환청구권

- 임차인은 임차주택의 보존에 관해 필요비를 지출한 때에는 비용이 발생한 즉시 임대인에게 그 비용을 청구할 수 있습니다.
- "필요비"란 임대차계약이 목적에 따라 임차주택을 사용·수익하는데 적당한 상태를 보존, 유지하기 위해 필요한 모든 비용을 말합니다. 여기에는 임대인의 동의 없이 지출한 비용도 포함됩니다.
- 전세권자는 그 부동산의 현상을 유지하고 통상의 관리에 필요한 수선을 해야 하므로, 전세권자는 주택의 통상적 유지 및 관리를 위해 필요비를 지출한 경우에도 그 비용의 상환을 청구할 수 없습니다.

(6) 유익비상환청구권

- 임차인이 유익비를 지출한 경우에는 임대인은 임대차 종료 시에 그 가액의 증가가 현존한 때에 한하여 임차인의 지출한 금액이나 그 증가액을 상환해야 합니다.
- "유익비"란 임차인이 임차물의 객관적 가치를 증가시키기 위하여 투입한 비용을 말합니다(「민법」 제203조제2항 및 대법원 1991. 8. 27. 선고 91다15591, 15607 반소 판결).

2) 임차인의 의무

(1) 차임지급의무

임차인은 임차주택에 대한 사용·수익의 대가로 임대인에게 차임을 지급해야 합니다.

(2) 임차주택의 사용·수익에 따른 의무

- 임차인은 계약이나 임차주택의 성질에 따라 정해진 용법으로 이를 사용·수익해야 할 의무를 부담합니다.
- 임차인은 임대차계약 기간 동안 임차주택을 선량한 관리자의 주의로 이를 보존해야 합니다.
- 임차인은 임차주택의 수선이 필요하거나 그 주택에 대하여 권리를 주장하는 사람이 있을 때에는 임대인에게 통지해야 합니다. 다만, 임대인이 이미 그 사실을 알고 있는 경우에는 통지하지 않아도 됩니다.
- 임차인은 임대인이 임차주택의 보존에 필요한 행위를 하는 때에는 이를 거절하지 못합니다. 다만, 임대인이 임차인의 의사에 반하여 보존행위를 하는 경우 이로 인해 임차의 목적을 달성할 수 없는 때에는 계약을 해지할 수 있습니다.

(3) 임차주택의 반환의무 및 원상회복의무

임차인은 주택임대차가 종료한 때에는 임대인에게 그 주택을 반환해야 합니다. 이 경우 임차주택을 원래의 상태로 회복하여 반환해야 합니다(「민법」 제615조 및 제654조). 임차인이 임차목적물을 수리하거나 변경한 때에는 원칙적으로 수리·변경 부분을 철거하여 임대 당시의 상태로 사용할 수 있도록 해야 합니다. 다만, 원상회복의무의 내용과 범위는 임대차계약의 체결 경위와 내용, 임대 당시 목적물의 상태, 임차인이 수리하거나 변경한 내용 등을 고려하여 구체적·개별적으로 정해야 합니다(대법원 2019. 8. 30. 선고 2017다268142 판결).

2. 임대인의 권리·의무

1) 임대인의 권리

(1) 차임지급청구

임대인은 임차인에게 차임을 지급할 것을 청구할 수 있습니다.

(2) 차임증액청구

- 임대인은 임대차계약이 존속 중에 약정한 차임이나 보증금이 임대주택에 대한 조세, 공과금, 그 밖의 부담의 증가나 경제사정의 변동으로 적절하지 않게 된 때에는 장래에 대하여 그 증액을 청구할 수 있습니다.
- 당사자 사이에 차임증액을 금지하는 특약이 있는 경우에는 차임증액청구를 할 수 없습니다. 그러나 차임불증액의 특약이 있더라도 그 약정 후 그 특약을 그대로 유지시키는 것이 신의칙에 반한다고 인정될 정도의 사정변경이 있는 경우에는 차임증액청구를 할 수 있습니다(대법원 1996. 11. 12. 선고 96다34061 판결).

(3) 임대물반환청구권

임대차계약이 종료하면 임대인은 임차인에게 임대물의 반환을 청구할 수 있으며, 이 경우 임차인에게 임대물의 원상회복을 요구할 수 있습니다.

(4) 그 밖에 임대물의 보존에 필요한 행위를 할 권리

임대인이 임대물의 보존에 필요한 행위를 하는 때에는 임차인이 이를 거절하지 못합니다.

2) 임대인의 의무

(1) 주택을 사용·수익하게 할 의무

- 임대인은 임차인이 목적물인 주택을 사용·수익할 수 있도록 할 의무를 집니다.

- 이를 위해 임대인이 주택을 임차인에게 인도해야 하며, 임차인이 임대차기간 중 그 주택을 사용·수익하는데 필요한 상태를 유지하게 할 수선의무를 집니다.
- 그러나 임대인은 주택의 파손·장해의 정도가 임차인이 별 비용을 들이지 않고 손쉽게 고칠 수 있을 정도의 사소한 것이어서 임차인의 사용·수익을 방해할 정도의 것이 아니라면 그 수선의무를 부담하지 않습니다. 다만, 그것을 수선하지 않아 임차인이 정해진 목적에 따라 사용·수익할 수 없는 상태로 될 정도의 것이라면 임대인은 그 수선의무를 부담하게 됩니다.
- 임대인의 수선의무는 특약에 의하여 이를 면제하거나 임차인의 부담으로 돌릴 수 있습니다. 그러나 특별한 사정이 없는 한 건물의 주요 구성부분에 대한 대수선, 기본적 설비부분의 교체 등과 같은 대규모의 수선에 대해서는 임대인이 그 수선의무를 부담합니다.
- 임차인은 임대인이 주택을 수선해주지 않는 경우 ① 손해배상을 청구할 수 있고, ② 수선이 끝날 때까지 차임의 전부 또는 일부의 지급을 거절할 수 있으며, ③ 사용수익할 수 없는 부분의 비율에 따른 차임의 감액을 청구하거나 ④ 나머지 부분만으로 임차의 목적을 달성할 수 없는 경우에는 임대차계약을 해지할 수 있습니다.

(2) 방해제거의무

주택임대차계약체결 후 임대인이 주택을 임차인에게 인도하였으나, 여전히 종전의 임차인 등 제3자가 주택을 계속 사용·수익하는 등 새로운 임차인의 주택의 사용·수익을 방해하는 경우 임대인은 그 방해의 제거에 노력해야 합니다.

(3) 임차보증금의 반환의무

임대인은 임대차기간의 만료 등으로 임대차가 종료된 때에는 임차인에게 보증금을 반환할 의무가 있습니다. 임대인의 임차보증금의 반환의무는 임차인의 임차주택의 반환의무와 동시이행의 관계에 있습니다(대법원 1977. 9. 28. 선고 77다1241, 1242 판결).

< 임차한 주택의 수선의무는 누구에게 있을까요? >

Q. 임차인 A는 임대인 B와 주택임대차계약을 체결하고, 해당 주택에 입주하여 생활하던 중 난방시설이 고장이 났습니다. 이 경우 난방시설의 수리는 임대인 B와 임차인 A 중 누구의 책임인가요?

A. 임대인 B는 목적물, 즉 주택을 임차인 A에게 인도하고 계약존속 중 그 사용, 수익에 필요한 상태를 유지하게 할 의무를 부담합니다(「민법」 제623조).

- 계약 목적물에 파손 또는 장해가 생긴 경우 그것이 임차인이 별 비용을 들이지 않고 손쉽게 고칠 수 있을 정도의 사소한 것이어서 임차인의 사용·수익을 방해할 정도의 것이 아니라면 임대인은 수선의무를 부담하지 않지만, 그것을 수선하지 않으면 임차인이 계약에 의하여 정해진 목적에 따라 사용·수익할 수 없는 상태로 될 정도의 것이라면 임대인은 그 수선의무를 부담합니다(대법원 1994. 12. 9. 선고, 94다34692, 94다34708 판결).
- 난방시설의 경우 임차인이 별 비용을 들이지 않고 손쉽게 고칠 수 있을 정도의 사소한 파손 또는 장해로 보기 어려우므로, 임대인이 수선의무를 부담하게 됩니다. 계약체결 시 임대인의 수선의무면제특약을 체결하였다 하여도 만일 면제되는 수선의무의 범위를 명시하지 않았다면, 임차인이 부담하는 수선의무는 통상 생길 수 있는 파손의 수선 등 소규모의 수선에 한하는 것이고, 대파손의 수리·건물 주요 구성부분에 대한 대수선, 기본적 설비부분의 교체 등과 같은 대규모의 수선은 이에 포함되지 않습니다. 따라서 여전히 임대인이 수선의무를 부담한다고 해석됩니다(대법원 1994. 12. 9. 선고, 94다34692, 94다34708 판결).

고장 난 보일러

Q. 보일러가 고장이 났는데 집주인은 임차인인 제가 고치는 것이라고 하여 어쩔 수 없이 제 돈으로 보일러를 고쳤는데, 이런 경우에도 임차인이 고쳐야 하나요?

A. 집주인이 고쳐야 합니다.

임대인은 임대차계약이 존속하는 동안 임차인에 대하여 임대물의 사용·수익에 필요한 상태를 유지해야 할 의무가 있습니다.

보일러는 임대물의 사용·수익에 필수적인 사항이므로 집주인인 임대인은 이를 고쳐줘야 합니다.

◇ 임대인의 의무

☞ 임대물에 하자가 생겼을 경우에는 임대인은 이를 수리하여 완전한 상태로 임차인이 사용할 수 있도록 해야 합니다.

☞ 그러나 비용부담이 매우 적은 사소한 하자나 소모품 교환 정도는 임차인이 부담해야 합니다.

◇ 임대인이 수리를 거부하는 경우

☞ 임차인은 하자를 수리한 후 그 비용을 임대인에게 청구할 수 있습니다. 또한, 임차인은 계약을 해지하여 보증금의 반환을 임대인에게 청구할 수 있습니다.

그리고 임차인은 임차 주택의 하자 때문에 생긴 손해와 수리를 하거나 계약을 해지하면서 생기는 손해에 대한 배상도 임대인에게 청구할 수 있습니다.

제3절 임대차 승계

1. 임차권 양도의 제한

1) 임차권 양도의 제한

(1) 임차권 양도의 제한

- 임차권의 양도는 임차인(양도인)과 양수인 사이의 계약만으로 유효하게 성립하나, 「민법」은 임차인은 임대인의 동의 없이 임차권을 양도하지 못하도록 제한하고 있으며, 임대인은 자신의 동의 없이 임차권을 양도한 경우 임대차계약을 해지할 수 있도록 하고 있습니다.
- 그러나, 임차인이 비록 임대인으로부터 별도의 승낙을 얻지 않고 제3자에게 임차물을 사용·수익하도록 한 경우에 있어서도, 임차인의 당해 행위가 임대인에 대한 배신적 행위라고 할 수 없는 특별한 사정이 인정되는 경우에는, 임대인은 자신의 동의 없이 임차권 양도가 이루어졌다는 것만을 이유로 임대차계약을 해지할 수 없으며, 임차권 양수인은 임차권 양수 및 그에 따른 사용·수익을 임대인에게 주장할 수 있습니다(대법원 2010.6.10, 선고, 2009다101275, 판결).

2) 임대인의 동의 있는 임차권의 양도

(1) 양도의 효과

- 임차권이 임대인의 동의 아래 양도되면, 임차인이 임대차계약에 따라 가지는 권리와 의무는 포괄적으로 양수인에게 이전됩니다. 즉, 임차인은 종전의 임대차관계에서 벗어나며 아무런 권리의무를 가지지 않게 되고, 양수인이 새로운 임차인으로서 임대인과 임대차관계를 가지게 됩니다.
- 다만, 임차권의 양도에 대해 임대인의 동의가 있기 전에 이미 발생한 임차인의 연체차임채무나 그 밖의 손해배상채무 등은 별도의 다른 특약이 없는 한 양수인에게 이전되지 않습니다.

(2) 대항력 및 우선변제권의 취득

- 임차권의 양수인은 임차권의 양도인이 대항력을 갖춘 후 저당권을 설정하거나 소유권을 이전받은 등의 제3자에게 대항할 수 있습니다.

※ 「주택임대차보호법」 제3조제1항에 따른 대항력을 갖춘 주택임차인이 임대인의 동의를 얻어 적법하게 임차권을 양도한 경우 양수인에게 점유가 승계되고 주민등록이 단절된 것으로 볼 수 없을 정도의 기간 내에 전입신고가 이루어졌다면 비록 위 임차권의 양도에 의하여 임차권의 공시방법인 점유와 주민등록이 변경되었다 하더라도 원래의 임차인이 갖는 임차권의 대항력은 소멸되지 아니하고 동일성을 유지한 채로 존속합니다(대법원 2010.6.10, 선고, 2009다101275, 판결).

- 임차권 양도에 의하여 임차권은 동일성을 유지하면서 양수인에게 이전되고 원래의 임차인은 임대차관계에서 탈퇴하므로, 임차권 양수인은 원래의 임차인이 가지는 우선변제권을 행사할 수 있습니다(대법원 2010.6.10, 선고, 2009다101275, 판결).

3) 임대인의 동의가 없는 임차권의 양도

(1) 임차인(양도인)과 양수인 사이의 법률관계

임차권의 양도계약은 이들 사이에서 유효하게 성립하고, 양도인은 양수인을 위해 임대인의 동의를 받아 줄 의무를 지게 됩니다(대법원 1986. 2. 25. 선고 85다카1812 판결 및 대법원 1996. 6. 14. 선고 94다41003 판결).

(2) 임대인과 임차인 사이의 법률관계(해지권의 발생)

임대인은 무단 양도를 이유로 임차인과의 계약을 해지할 수 있습니다. 그 해지를 하기까지는 임차인은 임대차계약에 따른 권리와 의무를 가집니다.

(3) 임대인과 양수인 사이의 법률관계(대항력 취득 유무)

- 임대인의 동의 없는 임차권의 양도는 임대인에게 그 효력을 주장할 수 없으므로, 양수인이 임차주택을 점유하는 때에는 임대인에 대한 관계에서 불법점유가 되고, 임대인은 소유권에 기해 그 반환을 청구할 수 있습니다.
- 임차인이 임대인의 동의 없이 임차권을 양도하면 원칙적으로 그 효력이 없으므로, 임차인이나 양수인은 임차권의 양도를 가지고 제3자에게는 물론 임대인에게도 대항할 수 없습니다(대법원 1986. 2. 25. 선고 85다카1812 판결).
- 따라서 임차인이 대항력을 취득하였다고 하더라도 임차권의 양도에 따른 양수인은 임차인의 대항력을 원용하거나 자신의 고유한 대항력을 취득할 수 없습니다. 이 경우 원래의 임차인도 제3자에게 임차권을 양도함으로써 임차주택의 점유를 중단하였다면 대항력이 상실됩니다.

세 든 사람이 또 세 준 경우
Q. 방 2개짜리 주택에서 임대차 계약을 체결하고 살던 중 함께 살던 친구가 군대를 갔습니다. 주인의 허락 없이 빈방을 다른 사람에게 월세를 줘도 될까요?
A. 가능합니다. 「민법」은 임차인이 임대인의 동의 없이 임차권을 양도하지 못하도록 제한하고 있고, 만약 임대인의 동의 없이 임차인이 임차권을 양도한 경우 임대인이 임대차계약을 해지할 수 있도록 하고 있습니다. 다만, 임차한 집 전체가 아닌 그 일부만을 다른 사람에게 세를 준 경우에는 임대인의 동의가 필요 없으며, 임대인은 임대차계약을 해지할 수도 없고 전차인을 쫓아낼 수도 없습니다. 따라서 위의 질문과 같이 방 1개를 친구에게 월세를 준 것은 주인의 허락을 받을 필요가 없습니다. ◇ 임차 건물 전체를 양도: 임대인이 동의한 경우 ☞ 임차인은 종전의 임대차관계에서 벗어나며 아무런 권리의무를 가지지 않게 되고, 양수인이 새로운 임차인으로서 임대인과 임대차관계를 가지게 됩니다. ◇ 임차 건물 전체를 양도: 임대인이 동의하지 않은 경우 ☞ 임차인이 임대인의 동의 없이 임차권을 양도하면 원칙적으로 그 효력이 없으므로, 임차인이나 양수인은 임차권의 양도를 가지고 제3자에게는 물론 임대인에게도 대항할 수 없습니다. ☞ 따라서 임차인이 대항력을 취득하였다고 하더라도 임차권의 양도에 따른 양수인은 임차인의 대항력을 원용하거나 자신의 고유한 대항력을 취득할 수 없습니다. ☞ 이 경우 원래의 임차인도 제3자에게 임차권을 양도함으로써 임차주택의 점유를 중단하였다면 대항력이 상실됩니다.

2. 전대차의 제한

1) 전대차의 제한

(1) 전대차의 개념

- 주택의 전대차란 임차인이 자기의 임차권에 기초하여 임차주택을 제3자에게 사용·수익할 수 있게 하는 계약입니다.
- 계약당사자는 전대인(임차인)과 전차인(제3자)입니다. 따라서 전대차 계약을 하면, 전대인(임차인)과 전차인(제3자) 사이에는 별개의 새로운 임대차 관계가 생기나, 임차인(전대인)과 임대인의 관계는 그대로 존속하게 됩니다.

(2) 전대차의 제한

- 전대차계약은 임대인의 동의 여부와 관계없이 전대인(원래의 임차인)과 전차인(새로운 임차인) 당사자 간의 계약으로 유효하게 성립합니다. 그러나 임차인은 임대인의 동의 없이 임차물을 전대할 수 없으며, 이를 위반한 경우 임대인은 임대차계약을 해지할 수 있습니다.
- 임차인이 비록 임대인으로부터 별도의 승낙을 얻지 않고 제3자에게 임차물을 사용·수익하도록 한 경우에 있어서도, 임차인의 당해 행위가 임대인에 대한 배신적 행위라고 할 수 없는 특별한 사정이 인정되는 경우에는, 임대인은 자신의 동의 없이 전대차가 이루어졌다는 것만을 이유로 임대차계약을 해지할 수 없으며, 전차인은 전대차 및 그에 따른 사용·수익을 임대인에게 주장할 수 있습니다(대법원 2010.6.10, 선고, 2009다101275, 판결).

2) 임대인의 동의가 있는 전대차

(1) 전대차에 따른 법률관계

- 전대인(임차인)과 전차인 사이의 관계

  전대인과 전차인 사이의 관계는 전대차 계약의 내용에 따라 정해지고,

전대인은 전차인에 대해 임대인으로서의 권리의무를 가지게 됩니다.

- 임대인과 임차인(전대인) 사이의 관계

  임대인과 임차인의 관계는 전대차의 영향을 받지 않습니다. 즉 임대인은 임차인에 대해 임대차계약에 따른 권리를 행사할 수 있습니다.

- 임대인과 전차인 사이의 관계

① 전차인은 임대인에 대해 직접의무를 부담합니다. 즉, 전차인은 전대차 계약에 따라 전대인에 대해 차임지급 등의 의무를 부담하게 되는데, 이러한 의무를 일정한 전제 하에 직접 임대인에게 이행하면 임차인에 대한 의무는 면하게 됩니다. 그러나 전차인은 전대인에 대한 차임의 지급으로써 임대인에게 대항할 수 없습니다.

② 임대차관계가 기간만료 등이 아닌 임대인과 임차인의 합의로 계약을 종료한 경우에는 전차인의 권리는 소멸하지 않습니다. 따라서 전대차의 존속을 임대인과 임차인에게 주장할 수 있습니다.

③ 임대차계약이 해지의 통고로 종료되더라도 임차주택이 적법하게 전대되었을 때에는 임대인은 전차인에게 그 사유를 통지하지 않으면 해지로써 전차인에게 대항하지 못합니다. 전차인이 해지의 통지를 받은 때에도 6개월이 지나야 해지의 효력이 생깁니다.

④ 전차인은 주택 사용의 편익을 위해 임대인의 동의를 얻어 부속한 물건, 임대인으로부터 매수하였거나 임대인의 동의를 얻어 임차인으로부터 매수한 부속한 물건에 대해서는 전대차의 종료 시에 그 부속물의 매수를 청구할 수 있습니다.

(2) 임차주택의 전대와 대항력

- 임차인이 이미 대항력을 취득한 후 임차주택을 전대한 경우

  「주택임대차보호법」 제3조 제1항에 의한 대항력을 갖춘 주택임차인이 임대인의 동의를 얻어 적법하게 전대한 경우, 전차인에게 점유가 승계되고 주민등록이 단절된 것으로 볼 수 없을 정도의 기간 내에 전입신고가 이

루어졌다면 비록 위 전대에 의하여 임차권의 공시방법인 점유와 주민등록이 변경되었다 하더라도 원래의 임차인이 갖는 임차권의 대항력은 소멸되지 아니하고 동일성을 유지한 채로 존속합니다(대법원 2010.6.10, 선고, 2009다101275, 판결).

- 임차인이 대항력을 취득하지 않고 임차주택을 전대한 경우

임차인이 임차주택의 인도와 주민등록을 하지 않은 채 임대인의 동의를 얻어 임차주택을 전대하고, 그 전차인이 주택을 인도받아 자신의 주민등록을 마친 경우, 임차인은 그 때부터 대항력을 취득합니다(대법원 1994. 6.18. 선고 94다3155 판결).

3) 임대인의 동의가 없는 전대차

(1) 전대차에 따른 법률관계

- 전대인(임차인)과 전차인 사이의 관계

전대차 계약은 전대인(임차인)과 전차인 사이에서 유효하게 성립하고, 전차인은 전대인에게 주택을 사용·수익하게 해 줄 것을 내용으로 하는 채권을 취득하며, 전대인은 전차인에 대해 차임청구권을 가집니다. 전대인은 전차인을 위해 임대인의 동의를 받아 줄 의무를 지게 됩니다(대법원 1986. 2. 25. 선고 85다카1812 판결).

- 임대인과 임차인(전대인) 사이의 관계

임차인이 전대를 하더라도 임대인과 임차인 사이의 임대차 관계는 그대로 존속합니다. 물론 임대인은 무단 전대를 이유로 임차인과의 계약을 해지할 수 있습니다.

- 임대인과 전차인 사이의 관계

임대인의 동의 없는 임차주택의 전대는 임대인에게 그 효력을 주장할 수 없으므로, 전차인이 주택을 점유하는 때에는 임대인에 대해서는 불법점유가 되고, 임대인은 소유권에 기해 전차인에게 임차주택의 반환을 청구할 수 있습니다.

(2) 임차주택의 전대와 대항력

- 임차인이 임대인의 동의 없이 임차주택을 전대하면 원칙적으로 그 효력이 없으므로, 임차인이나 전차인은 임차주택의 전대를 가지고 제3자는 물론 임대인에게도 대항할 수 없습니다.
- 따라서 임차인이 대항력을 취득하였다고 하더라도 임차주택의 전대에 따른 전차인은 임차인의 대항력을 원용하거나 자신의 고유한 대항력을 취득할 수 없습니다. 이 경우 원래의 임차인도 제3자에게 임차주택을 전대함으로써 그 주택의 점유를 중단하였다면 대항력이 상실됩니다.

4) 주택 소(小)부분의 전대차

(1) 주택의 임차인이 그 주택의 소부분(극히 일부분)을 다른 사람에게 사용하게 할 때에는 다음과 같이 전대의 제한, 전대의 효과 및 전차인의 권리의 확정에 관한 규정이 적용되지 않습니다.

- 임차인은 임대인의 동의를 얻지 않고 그 주택의 소부분을 다른 사람에게 사용하게 할 수 있으며, 이 경우에도 임대인은 계약을 해지할 수 없습니다.
- 주택의 소부분의 전차인은 임대인에게 직접 의무를 부담하지 않습니다.
- 임대인과 임차인의 합의로 계약을 종료한 경우에는 전차인의 권리가 소멸합니다.

3. 사망 등에 대한 임차권의 승계

1) 임차권 상속

(1) 임차인이 사망하고 상속인이 없는 경우

- 임차인이 상속인 없이 사망한 경우에는 그 임차주택에서 가정공동생활을 하던 사실상의 혼인관계에 있는 사람이 단독으로 임차인의 권리와 의무를 승계합니다.

- 그러나 임차인이 사망하고 임차주택에서 가정공동생활을 하던 사실상의 혼인관계에 있는 사람도 없는 경우에는 임차권을 포함한 임차인의 상속재산은 국가에 귀속하게 됩니다.

(2) 임차인이 사망하고 상속인이 있는 경우

- 임차인이 사망할 당시에 「민법」에 따른 상속인이 임차인과 함께 임차주택에서 가정공동생활을 하고 있는 경우에는 상속인이 승계하게 되고, 사실상의 혼인관계에 있는 사람은 임차권을 승계할 수 없습니다.
- 임차인이 사망할 당시에 「민법」에 따른 상속인이 임차인과 함께 임차주택에서 가정공동생활을 하고 있지 않았던 경우에는 임차주택에서 가정공동생활을 하던 사실상의 혼인관계에 있는 사람과 2촌 이내의 친족이 공동으로 임차인의 권리와 의무를 승계합니다.
- 만일, 2촌 이내의 친족이 없는 경우에는 임차주택에서 가정공동생활을 하던 사실상의 혼인관계에 있는 사람이 단독으로 임차권을 승계하게 됩니다.

2) 임차권 승계의 포기

사망한 임차인의 채무가 보증금반환채권을 초과하여 임차권을 승계하는 것이 불리하다는 등과 같은 사유로 임차권의 승계권자가 임차권 승계를 받지 않으려는 경우에는 임차인이 사망한 후 1개월 이내에 임대인에게 반대의사, 즉 임차권을 승계하지 않겠다는 뜻을 표시하고 임차권의 승계를 포기할 수 있습니다.

3) 임차권 승계의 효과

- 임차인의 권리의무를 승계한 사람은 임대차 관계에서 생긴 채권(예를 들어 임차주택인도청구권, 임차주택수선청구권, 차임감액청구권, 보증금반환청구권 등)과 채무(예를 들어, 차임지급의무, 원상회복의무 등)를 승계합니다.

- 임차권의 승계는 법률의 규정에 따른 승계이므로 임대인에게 승계의 의사표시를 할 필요는 없습니다.
- 그러나 임대인과 사망한 임차인 사이에서 발생한 채권이라도 임대차와 관련이 없이 발생한 채권, 예를 들어 대여금청구권, 손해배상청구권 등은 승계되지 않고, 「민법」의 상속규정에 따라 상속인이 상속하게 됩니다.

4. 임대인의 지위 승계

1) 임대인의 지위 승계

- 임차주택의 양수인, 그 밖에 상속, 경매 등으로 임차주택의 소유권을 취득한 사람은 임대인의 지위를 승계합니다.이러한 승계는 법률의 규정에 따른 승계이므로 그 지위의 승계에 임차인의 동의를 받을 필요는 없고, 임차인에게 통지할 필요도 없습니다(대법원 1996. 2. 27. 선고 95다35616 판결).
- 임차주택의 양도에 따라 양도인인 임대인의 지위가 양수인에게 포괄적으로 이전됩니다. 그 결과 임대인의 지위는 면책적으로 소멸되고, 차임지급청구권을 비롯한 일체의 채권과 보증금반환채무를 포함한 일체의 채무가 양수인에게 이전됩니다(대법원 1995. 5. 23. 선고 93다47318 판결 및 대법원 1996. 2. 27. 선고 95다35616 판결).
- 양도인인 임대인과 양수인 사이에 임차인에 대한 의무를 승계하지 않는다는 특약이 포함된 계약을 체결했다 하더라도 이는 임차인에게 불리한 약정으로 그 효력이 없습니다.

2) 임대차의 종료 후 임차주택을 양도한 경우

대항력 있는 주택임대차의 경우 임대차가 종료된 상태에서 임차주택이 양도되는 경우라도, 임차인이 보증금을 반환받을 때까지 양수인에게 임대차가 종료된 상태에서의 임대인으로서의 지위가 당연히 승계됩니다. 이 경우에는 임차보증금반환채무도 임차주택의 소유권과 결합하여 당연히 양수인에게 이전합니다(「주택임대차보호법」 제4조제2항 및 대법원 2002. 9. 4. 선고 2001다64615 판결).

3) 임대인의 지위승계와 임대차계약의 해지 여부

- 임차주택의 대항력을 갖춘 임차인은 임차주택이 양도되는 경우에도 임차주택을 계속하여 사용·수익할 수 있습니다.
- 그런데 임차주택의 양수인에게 대항할 수 있는 임차인이 스스로 임대인의 지위승계를 원하지 않는 경우에는 임차인이 승계되는 임대차관계의 구속으로부터 벗어날 수 있다고 보아야 하므로, 임차주택이 임대차기간의 만료 전에 경매되는 경우 임대차계약을 해지하고, 우선변제를 청구할 수 있습니다(대법원 1998. 9. 2. 자 98마100 결정 및 대법원 2002. 9. 4. 선고 2001다64615 판결).

< 임대차계약기간 중 임대인이 변경되면, 임차인의 지위는 어떻게 되나요? >
Q. 임차인 A는 임대인 B와 주택임대차계약을 통해 주택을 인도받고 전입신고를 마친 후 임차건물에 거주하던 중 B가 건물을 甲에게 양도해 버렸습니다. 건물 매수인 甲의 건물명도 청구에 대해 임차인 A는 어떤 주장을 할 수 있을까요?
A. 임차인 A는 「주택임대차보호법」상의 대항력 요건인 주택의 인도와 전입신고를 완료하였으므로 임대인 B에 대해서 뿐만 아니라 제3자인 새로운 임대인 甲에 대해서도 건물에 대한 임차권을 주장할 수 있습니다. 또한 임차주택의 양수인인 甲은 임대인의 지위를 승계하므로 임차주택에 대한 소유권과 함께 임차인 A에 대한 전 임대인 B의 권리·의무도 승계하게 됩니다. 따라서 「주택임대차보호법」의 적용을 받는 임차인은 임대인이 변경되더라도 자신의 임차권을 주장할 수 있습니다.

집주인이 바뀐 경우
Q. 주택을 임대차하여 살고 있습니다. 계약기간이 끝나기 전에 집주인이 집을 다른 사람에게 팔았습니다. 주인이 바뀌었으니 새 주인이 나가라고 하면 나가야 하나요?
A. 대항요건을 갖춘 경우에는 그 집에서 계속 살 수 있습니다. 임차주택의 양수인은 임차주택에 대한 소유권과 임차인에 대한 전(前) 임대인의 권리·의무도 함께 승계하게 됩니다. 따라서 「주택임대차보호법」의 적용을 받는 임차인이 주택의 인도와 전입신고라는 대항요건을 갖춘 경우에는 집주인이 바뀌더라도 임차인은 전(前) 임대인과 체결한 전세계약기간 동안 자신의 임차권을 주장할 수 있습니다. ◇ 임대인의 지위 승계 ☞ 임차주택의 양수인, 그 밖에 상속, 경매 등으로 임차주택의 소유권을 취득한 사람은 임대인의 지위를 승계합니다. ☞ 양도인인 임대인과 임차인 사이에 당연승계를 배제하는 내용의 특약은 임차인에게 불리한 약정으로 그 효력이 없습니다. ◇ 임대인의 지위승계와 임대차계약의 해지 여부 ☞ 임차주택의 양수인에게 대항할 수 있는 임차인은 임차주택이 양도되는 경우에도 임차 주택을 계속하여 사용·수익할 수 있습니다. ☞ 그런데 임차주택의 양수인에게 대항할 수 있는 임차인이 스스로 임대인의 지위승계를 원하지 않는 경우에는 임차인이 승계되는 임대차관계의 구속으로부터 벗어날 수 있다고 보아야 하므로, 임차주택이 임대차 기간의 만료 전에 경매되는 경우 임대차계약을 해지하고, 우선변제를 청구할 수 있습니다.

제4절 임대차계약 갱신

1. 당사자 합의에 의한 임대차계약의 갱신

1) 합의에 의한 계약 갱신

- 임대차 만료기간에 즈음하여 임대인과 임차인은 임대차계약의 조건을 변경하거나, 그 기간을 변경하는 등 계약조건을 변경하여 합의 갱신하거나, 기존의 임대차와 동일한 계약조건으로 합의 갱신할 수 있습니다.
- 합의 갱신은 임대차관계가 완전히 소멸한 후에 동일한 임대인과 임차인 간에 새로운 임대차관계를 설정하는 임대차의 재설정과 구별되고, 임대차기간 중에 미리 일정기간의 연장을 합의하는 기간연장의 합의와도 구별됩니다.

2) 합의 갱신의 효과

- 합의 갱신의 효과는 합의의 내용에 따라 정해집니다.
- 임대차계약의 조건을 변경하는 합의 갱신의 경우에는 변경내용에 대하여 전 임대차와 이해관계가 있는 제3자에게 대항할 수 없습니다. 또한 임차보증금을 증액하는 경우에는 이에 대한 확정일자를 받아야 후순위 권리자에게 우선변제권을 취득할 수 있습니다.

2. 「주택임대차보호법」에 따른 묵시의 갱신

1) 묵시의 갱신 요건: 갱신 거절 또는 계약조건변경의 미통지

- 임대인이 임대차기간이 끝나기 6개월 전부터 2개월(2020년 12월 10일 이후 최초로 체결되거나 갱신된 임대차부터 적용됨) 전까지의 기간에 임차인에게 갱신거절의 통지를 하지 않거나 계약조건을 변경하지 않으면 갱신하지 않는다는 뜻의 통지를 하지 않거나 임차인이 임대차기간이 끝나기 2개월 전까지 그러한 통지하지 않는 경우에는 그 기간이 끝난 때에는 전 임대차와 동일한 조건으로 다시 임대차한 것으로 간주합니다.

① 임대인이나 임차인 중 한쪽이라도 갱신거절이나 계약조건 변경의 통지를 한 경우에는 그 임대차계약은 묵시적으로 갱신되지 않습니다.

② 갱신거절의 통지는 임대차기간이 끝나면 더 이상 임대차관계를 존속시키지 않겠다는 통지를 말하고, 이러한 통지는 명시적이든 묵시적이든 상관없습니다.

③ 계약조건 변경의 통지는 임대차기간이 끝나면 임대차계약 내용을 변경하겠으며, 만일 상대방이 응하지 않으면 더 이상 임대차관계를 존속시키지 않겠다는 통지를 말하고, 이러한 통지에는 변경하려는 계약조건을 구체적으로 밝혀야 합니다.

- 임차인이 차임을 2회 이상 연체하거나 그 밖에 임차인으로서의 의무를 현저히 위반한 경우에는 묵시의 갱신을 할 수 없습니다. 따라서 임대인이 이러한 사유로 임대차계약을 해지하지 않더라도, 임차인에게 이러한 사유가 있으면 묵시의 갱신이 인정되지 않기 때문에 임대차는 그 기간의 만료로 종료됩니다.

2) 묵시의 갱신의 효과

- 주택임대차계약이 묵시적으로 갱신되면, 종전의 임대차와 동일한 조건으로 다시 임대차한 것으로 간주됩니다.
- 주택임대차계약이 묵시적으로 갱신되면, 보증금과 차임도 종전의 임대차와 동일한 조건으로 임대차한 것으로 됩니다.
- 주택임대차계약이 묵시적으로 갱신되면, 임대차의 존속기간은 2년으로 됩니다.

3) 묵시적으로 갱신된 임대차계약의 해지

- 주택임대차계약이 묵시적으로 갱신된 경우, 임차인은 언제든지 갱신된 임대차계약을 해지할 수 있고, 2년의 임대차기간을 주장할 수도 있습니다.
- 임차인이 임대차계약을 해지하는 경우에는 임대인이 통지를 받은 날부터 3개월이 지나면 그 효력이 발생합니다.

3. 「주택임대차보호법」에 따른 계약갱신 요구

1) 계약갱신요구권

- 위 「주택임대차보호법」에 따른 묵시의 갱신 규정에도 불구하고 임대인은 임차인이 임대차 기간이 끝나기 6개월 전부터 2개월(2020년 12월 10일 이후 최초로 체결되거나 갱신된 임대차부터 적용됨) 전까지 계약갱신을 요구할 경우 정당한 사유 없이 거절하지 못합니다(「주택임대차보호법」 제6조의3제1항 본문, 제6조제1항 전단 및 부칙<법률 제17363호, 2020. 6. 9.> 제2조). 임차인은 계약갱신요구권을 1회에 한하여 행사할 수 있고, 갱신되는 임대차의 존속기간은 2년으로 봅니다.
- 또한 갱신되는 임대차는 전 임대차와 동일한 조건으로 다시 계약된 것으로 봅니다. 다만, 차임과 보증금은 「주택임대차보호법」 제7조(차임 등의 증감청구권)의 범위에서 증감할 수 있습니다.
- 다만, 다음의 어느 하나에 해당하는 경우에는 임대인은 임차인의 계약갱신 요구를 거절할 수 있습니다.

① 임차인이 2기의 차임액에 해당하는 금액에 이르도록 차임을 연체한 사실이 있는 경우

② 임차인이 거짓이나 그 밖의 부정한 방법으로 임차한 경우

③ 서로 합의하여 임대인이 임차인에게 상당한 보상을 제공한 경우

④ 임차인이 임대인의 동의 없이 목적 주택의 전부 또는 일부를 전대(轉貸)한 경우

⑤ 임차인이 임차한 주택의 전부 또는 일부를 고의나 중대한 과실로 파손한 경우

⑥ 임차한 주택의 전부 또는 일부가 멸실되어 임대차의 목적을 달성하지 못할 경우

⑦ 임대인이 다음의 어느 하나에 해당하는 사유로 목적 주택의 전부 또는 대부분을 철거하거나 재건축하기 위하여 목적 주택의 점유를 회복할 필요가 있는 경우

ⓐ 임대차계약 체결 당시 공사시기 및 소요기간 등을 포함한 철거 또는 재건축 계획을 임차인에게 구체적으로 고지하고 그 계획에 따르는 경우

ⓑ 건물이 노후·훼손 또는 일부 멸실되는 등 안전사고의 우려가 있는 경우
ⓒ 다른 법령에 따라 철거 또는 재건축이 이루어지는 경우
⑧ 임대인(임대인의 직계존속·직계비속을 포함함)이 목적 주택에 실제 거주하려는 경우

> ※ 위 사유로 갱신을 거절하였음에도 불구하고 갱신요구가 거절되지 아니하였더라면 갱신되었을 기간이 만료되기 전에 정당한 사유 없이 제3자에게 목적 주택을 임대한 경우 임대인은 갱신거절로 인하여 임차인이 입은 손해를 배상해야 합니다. 이에 따른 손해배상액은 거절 당시 당사자 간에 손해배상액의 예정에 관한 합의가 이루어지지 않는 한 다음의 어느 하나의 금액 중 큰 금액으로 합니다.
> - 갱신거절 당시 월차임(차임 외에 보증금이 있는 경우에는 그 보증금을 「주택임대차보호법」 제7조의2 각 호 중 낮은 비율에 따라 월 단위의 차임으로 전환한 금액을 포함. 이하 "환산월차임"이라 함)의 3개월분에 해당하는 금액
> - 임대인이 제3자에게 임대하여 얻은 환산월차임과 갱신거절 당시 환산월차임 간 차액의 2년분에 해당하는 금액
> - 위 사유로 인한 갱신거절로 인하여 임차인이 입은 손해액

⑨ 그 밖에 임차인이 임차인으로서의 의무를 현저히 위반하거나 임대차를 계속하기 어려운 중대한 사유가 있는 경우

- 갱신되는 임대차의 해지는 「주택임대차보호법」 제6조의2(묵시적 갱신의 경우 계약의 해지)를 준용합니다.
- 계약갱신요구권은 2020년 7월 31일 이전부터 존속 중인 임대차에 대하여도 적용됩니다(「주택임대차보호법」 부칙<제17470호> 제2조제1항). 그러나 2020년 7월 31일 전에 임대인이 갱신을 거절하고 제3자와 임대차계약을 체결한 경우에는 적용되지 않습니다.

< 주택임대차계약을 갱신하는 경우에 특별한 방법이 필요한가요? >
Q. 임차인 A는 임대인 B와 2007년 5월 1일 계약기간을 2년으로 하는 주택임대차계약을 체결하였습니다. 2009년 5월 현재 임대인 B는 계약 갱신에 대해 별다른 말이 없습니다. 이 때 임차인 A와 임대인 B의 주택임대차계약은 어떻게 되나요?
A. 임대인 B가 주택임대차계약 종료시점인 2009년 4월 30일을 기준으로 6개월 전부터 1개월(2020년 12월 10일 이후 최초로 체결되거나 갱신된 임대차의 경우는 2개월) 전까지의 기간에 갱신거절의 통지를 한 바 없거나 계약조건을 변경하지 않았다면, 위 계약은 동일한 조건으로 갱신된 것으로 봅니다. 이를 묵시의 갱신이라고 하며, 이때 임차인 역시 계약종료 1개월 전까지 갱신 거절 및 계약조건 변경의 통지를 하지 않아야 합니다.

재계약
Q. 2018년 8월 1일 계약기간 2년의 주택임대차계약을 체결하였습니다. 2020년 5월 현재 집주인은 계약갱신에 대해 별다른 말이 없습니다. 이때 주택임대차계약은 어떻게 되나요? 그리고 혹시라도 2020년 6월에 집주인이 갱신거절을 하면 어떻게 하나요?
A. 임대인과 임차인 모두 특별히 별도의 말이나 행동이 없는 경우 임대차계약은 갱신된 것으로 봅니다. ◇ 묵시적 갱신의 요건 ☞ 임대인이 주택임대차계약 종료시점인 2020년 7월 31일을 기준으로 6개월 전부터 1개월(2020년 12월 10일 이후 최초로 체결되거나 갱신된 임대차의 경우는 2개월) 전의 기간에 임차인에게 갱신거절이나 계약 조건을 변경하겠다는 통지를 하지 않았어야 합니다. ☞ 임차인도 임대기간 종료시점의 1월 전까지 위와 같은 통지를 하지 않았어야 합니다. ◇ 묵시적 갱신의 효과 ☞ 위와 같은 경우 원래의 임대차계약과 동일한 조건으로 다시 임대차가 된 것으로 봅니다. 이것을 묵시적 갱신이라고 합니다. ☞ 묵시적 갱신이 된 경우에도 그 존속기간은 2년이 되지만 임차인은 언제든지 계약해지통고를 할 수 있습니다. 해지통고를 임대인에게 하고 3개월이 지나면 효력이 발생합니다. ◇ 묵시적 갱신의 예외 ☞ 매달 차임을 지급해야 하는 임대차계약인 경우 임차인이 2기의 차임액에 달하도록 연체하거나, 그 밖에 임차인으로서의 의무를 현저히 위반한 경우에는 계약이 묵시적으로 갱신되지 않습니다. 따라서 임차인에게 이러한 사유가 있으면 임대인이 이러한 사유로 임대차계약을 굳이 해지하지 않더라도 임대차는 원래의 임대차 기간이 만료되면 종료됩니다.

◇ 대항력과 우선변제권

☞ 묵시적으로 계약이 갱신된 경우에는 다시 계약서를 작성할 필요가 없고, 임대인의 요구로 새로 계약서를 작성한 경우에도 확정일자를 받은 종전의 계약서를 그대로 보관하면 됩니다. 그러면 종전의 대항력과 우선변제권이 그대로 유지됩니다.

◇ 계약갱신청구권

☞ 임대인이 2020년 7월 31일을 기준으로 6개월 전부터 1개월(2020년 12월 10일 이후 최초로 체결되거나 갱신된 임대차의 경우는 2개월) 전까지의 기간에 임차인에 대해 갱신거절의 통지나 조건을 변경하는 의사표시를 하더라도 임차인은 그 기간에 계약갱신청구권을 행사할 수 있습니다. 이 경우 기존 계약 조건에 따라 갱신되고(다만, 보증금을 5%를 초과하지 않는 범위에서 증액 가능) 임대인은 정당한 사유 없이 거절하지 못합니다.

제5장
임대차관계 종료

제5장 임대차관계 종료

제1절 임대차 종료

1. 주택임대차계약의 종료

1) 주택임대차의 종료 원인

(1) 임대차 기간의 만료

- 임대차는 임대차 기간의 정함이 있는 경우에는 그 기간의 만료로 종료됩니다.
- 물론, 임대차 기간의 정함이 있는 경우에도 해지권 유보의 특약을 한 경우, 임차인이 파산선고를 받은 경우 등 해지사유가 있는 경우에는 계약해지의 통고로써 임대차계약을 중도에 해지할 수 있습니다.
- 임대인이 임대차기간이 끝나기 6개월 전부터 2개월 전까지의 기간에 임차인에게 갱신거절의 통지를 하거나, 계약조건을 변경하지 않으면 갱신하지 않는다는 뜻의 통지를 한 경우에는 임대차 기간이 끝난 때에 종료합니다.

(2) 계약해지의 통고

- 임차인은 임대차계약이 묵시적으로 갱신된 경우에는 언제든지 그 계약을 해지할 수 있으며, 이 경우 임차인이 계약해지를 통지하는 경우에는 임대인이 그 통지를 받은 날부터 3개월이 지나면 임대차는 종료됩니다.
- 임차인 또는 임대인은 임대차계약을 체결하면서 그 계약서에 예를 들어 "전근, 취학 등 부득이한 사유가 생기면 임차인이 통보한 날부터 1개월 후에 계약이 해지된 것으로 본다" 라는 해지권 유보의 특약을 약정한 경우에는 임대차 기간의 약정이 있는 경우에도 그 부득이한 사유를 증명하고 중도에 임대차계약을 해지할 수 있으며, 이 경우 임대인이 해지통고를 받은 날부터 1개월이 지나면 임대차는 해지됩니다.

(3) 임차인의 파산

- 임차인이 파산선고를 받은 경우에는 임대차 기간의 약정이 있는 경우에도 임대인 또는 파산관재인은 계약해지의 통고를 할 수 있고, 임차인이 해지통고를 받은 날부터 6개월이 지나면 임대차는 종료됩니다.
- 이 경우 각 당사자는 상대방에 대해 계약해지로 생긴 손해배상을 청구하지 못합니다.

(4) 즉시 해지

- 임대차 기간의 약정이 있더라도 다음과 같은 해지 사유가 있는 경우에는 임대차계약을 중도에 해지할 수 있습니다. 이 경우에는 해지의 의사표시가 상대방에게 도달한 때에 임대차는 종료됩니다.
- 임차인이 해지할 수 있는 경우

① 임대인이 임차인의 의사에 반하여 보존행위를 하는 경우 임차인이 이로 인해 임차의 목적을 달성할 수 없는 때

② 임차주택의 일부가 임차인의 과실 없이 멸실 그 밖의 사유로 사용·수익할 수 없는 경우 그 잔존부분으로 임차의 목적을 달성할 수 없는 때

③ 임대인의 지위가 양도된 경우(대법원 2002. 9. 4. 선고, 2001다64615 판결)

- 임대인이 해지할 수 있는 경우

① 임차인이 임대인의 동의 없이 임차권을 양도하거나 임차주택을 전대한 경우

② 임차인이 차임을 2회 이상 연체한 경우

③ 임차인이 임차주택을 계약 또는 그 주택의 성질에 따라 정하여진 용법으로 이를 사용, 수익하지 않은 경우

④ 그 밖에 임차인으로서의 의무를 현저히 위반한 경우

※ 임대차계약의 해지 방법
- 임대차계약을 중도에 해지하려는 경우에는 내용증명 우편으로 해지의 의사표시를 하는 편이 좋으며, 이 경우 내용증명 우편에는 중도해지의 사유와 임대차계약의 해지 의사를 표명하고, 임차보증금을 반환해 달라는 등의 내용을 기재하면 됩니다.
- 가까운 우체국에 가서 내용증명서 3통을 작성하여 접수창구에 제출하면, 1통은 발송인이, 1통은 우체국이 각각 보관하고, 나머지 1통은 상대방에게 발송됩니다. 우체국에서는 그 내용증명서를 3년간 보관하기 때문에 보관기간 내에는 그 등본을 교부받을 수 있습니다.

2) 임대차 종료의 효과

(1) 임대차관계의 소멸 및 손해배상

- 임대인 또는 임차인이 임대차계약을 해지한 때에는 임대차관계는 장래를 향해 그 효력이 소멸됩니다.
- 임대차계약의 해지는 손해배상의 청구에 영향을 미치지 않으므로, 상대방에게 고의 또는 과실이 있으면 그 손해배상을 청구할 수 있습니다.

(2) 임차주택의 반환 및 임차보증금의 반환

- 임대차가 종료되면, 임대차계약의 내용에 따라 임차인은 임차주택을 반환할 의무 등을 지게 되고, 임대인은 임차보증금을 반환할 의무를 지게 됩니다.
- 임차인이 임대차계약을 중도에 해지하는 경우 임차보증금을 돌려받기가 쉽지 않습니다. 이와 같이 임대차가 종료되었는데도 임대인이 보증금을 돌려주지 않는 경우에는 보증금을 반환해줄 때까지 이사를 가지 않는 것이 좋습니다. 이사를 가면 대항력과 우선변제권이 없어지기 때문입니다(대법원 2008. 3. 13 선고, 2007다54023 판결). 그러나 임대차가 종료되더라도 임차인이 보증금을 돌려받을 때까지는 임대차관계가 존속하는 것으로 간주되므로, 임대인과 임차인은 임대차계약상의 권리의무를 그대로 가지게 됩니다.

- 따라서 임차인은 차임지급의무를 지는 한편 보증금을 반환받을 때까지 임차주택의 인도를 거절하는 동시이행항변권을 가지게 되고, 임대인은 차임지급청구권을 가지는 한편 임차주택을 인도받을 때까지 보증금의 지급을 거절하는 동시이행항변권을 가지게 됩니다. 다만, 임차인은 반대의무인 임차주택의 인도를 하지 않더라도 집행권원을 받게 되면 강제집행을 개시할 수 있습니다.

(3) 임차권등기명령신청권의 취득

- 임차인은 임대차가 종료된 후 보증금을 반환받지 못한 경우 임차권등기명령을 신청할 수 있는 권한을 얻게 되고, 임대차등기명령에 따라 임차권등기를 마치면 대항력과 우선변제권을 취득하거나 유지할 수 있게 됩니다. 따라서 임차인은 임대차등기를 마친 후 임차주택을 인도하고 이사를 가더라도 대항력과 우선변제권을 유지할 수 있으며, 그 경우에는 차임지급의무를 면하는 한편 보증금반환채권의 지체에 따른 지연손해금채권을 가지게 됩니다.

(4) 유익비상환청구 및 부속물매수청구

- 임차인은 일정한 경우에 한해 임대인에게 유익비의 상환을 청구하거나 부속물의 매수를 청구할 수 있습니다. 다만, 임대차계약이 임차인의 차임연체 등 채무불이행으로 해지된 경우에는 부속물의 매수를 청구할 수 없습니다(대법원 1990. 1. 23. 선고 88다카7245, 88다카7252 판결).

보증금 반환거부 시 월세문제
임대차 계약 기간이 만료되어 집주인에게 보증금을 돌려달라고 하니, 새로운 세입자를 구할 때까지 기다려 달라고 합니다. 보증금을 돌려받을 때까지 그 집에서 계속 거주해도 월세는 안 내도 되나요?
그 집에서 계속 사는 동안은 월세를 계속 내야 합니다. 임대차 계약이 종료된 후에 임차인이 주택을 넘겨주는 의무와 임대인의 보증금 반환 의무는 동시에 행해져야 합니다. 따라서 보증금을 반환받을 때까지 계속 거주할 수 있는 것은 당연하지만, 설사 이러한 경우에도 임차인은 그 집에서 계속 거주하여 실질적인 이득을 얻은 이상 월세는 지급해야 합니다. 그러나 문을 잠가놓고 주거용으로 사용하지 않으면 실질적인 이득을 얻지 않는 경우가 되므로, 이 경우에는 차임을 지급할 필요가 없습니다.

제2절 보증금의 회수

1. 임차권등기명령 신청

1) 임차권등기명령제도

- 「주택임대차보호법」은 주택의 인도와 주민등록을 대항력의 취득 및 존속 요건으로 하고 있기 때문에 임차인이 임대차가 종료되었음에도 보증금을 돌려받지 못하고 이사를 가게 되면 종전에 취득하였던 대항력 및 우선변제권이 상실되므로 보증금을 돌려받기 어려워지게 됩니다.
- 이러한 문제를 해결하기 위해 임차권등기명령제도는 법원의 집행명령에 따른 등기를 마치면 임차인에게 대항력 및 우선변제권을 유지하게 하면서 임차주택에서 자유롭게 이사할 수 있게 하는 제도입니다.

2) 임차권등기명령의 신청

(1) 신청요건

- ① 임대차가 끝난 후 ② 보증금이 반환되지 않은 경우 임차인은 임차주등택의 소재지를 관할하는 지방법원·지방법원지원 또는 시·군 법원에 임차권기명령을 신청할 수 있습니다.
- 임차인은 임대차가 종료되어야 임차권등기명령을 신청할 수 있습니다. 즉, 계약기간의 만료로 임대차가 종료된 경우는 물론, 해지통고에 따라 임대차가 종료되거나 합의 해지된 경우에도 임차권등기명령을 신청할 수 있습니다.

① 기간의 약정이 없는 임대차의 해지통고는 임차인이 해지통고한 날부터 1개월이 지난 경우

② 기간의 약정은 있지만, 임대인이 임차인의 반대에도 임차주택에 대한 보존행위를 하여 임차인이 임차의 목적을 달성할 수 없어 해지통고를 하고 그 통고가 임대인에게 도달한 경우

③ 임차주택의 일부가 임차인의 과실 없이 멸실 그 밖의 사유로 사용·수익할 수 없게 되고, 그 잔존부분으로는 임대차의 목적을 달성할 수 없어 임차인이 해지통고를 하고, 그 통고가 임대인에게 도달한 경우

④ 묵시의 갱신이 이루어진 경우 임차인이 해지통고를 하고, 그 통고가 된 날부터 3개월이 경과한 경우

⑤ 임대차계약을 체결한 후 임차주택이 멸실되어 잔존부분으로는 임대차의 목적을 달성할 수 없어 해지하는 경우

– 임차보증금을 돌려받지 못한 경우란 임차보증금의 전액을 돌려받지 못한 경우는 물론, 일부라도 돌려받지 못한 경우도 포함됩니다.

※ 임차주택의 범위

- 임차주택은 원칙적으로 등기된 경우에만 임차권등기명령을 신청할 수 있습니다. 따라서 임차주택이 무허가 건물인 경우에는 임차권등기명령을 신청할 수 없습니다.

- 임차주택에 대해 사용승인을 받고 건축물관리대장이 작성되어 있어 즉시 임대인 명의로 소유권보존등기가 가능한 경우에는 임대인을 대위하여 소유권보존등기를 마친 다음 임차권등기를 할 수 있으므로 예외적으로 임차권등기명령을 신청할 수 있습니다. 이 경우에는 임대인 명의로 소유권보존등기를 할 수 있음을 증명하는 서면을 첨부해야 합니다(「임차권등기명령 절차에 관한 규칙」 제3조제2호).

- 주택의 일부분, 예를 들면 다가구주택의 일부분을 임차하는 경우에도 임차권등기명령을 신청할 수 있습니다. 이 경우에는 임대차의 목적인 부분을 표시한 도면을 첨부해야 합니다(「주택임대차보호법」 제3조의3제2항제2호 및 「임차권등기명령 절차에 관한 규칙」 제2조제1항제4호).

- 임차목적물에 대한 등기부상의 용도가 주거시설이 아닌 경우, 예를 들어 지하실, 공장, 사무실 등으로 되어 있는 경우에도 주거용으로 임차하여 사용하고 있다면, 주거용 건물이기 때문에 임차권등기명령을 신청할 수 있습니다. 이 경우에는 임대차계약체결 시부터 임차권등기명령 신청 당시까지 주거용으로 사용하고 있음을 증명하는 서류를 첨부해야 합니다(「임차권등기명령 절차에 관한 규칙」 제3조제5호).

※ 임차인의 범위

- 임대차가 종료될 때 대항력이 있는 임차인은 물론, 대항력을 상실한 임차인도 임차권등기명령을 신청할 수 있습니다(부산고법 2006. 5. 3. 선고 2005나17600 판결). 다만, 대항력을 상실한 임차인의 경우 양수인을 상대로 임차권등기명령을 신청할 수는 없습니다.
- 전차인은 비록 임대인의 승낙을 받았다고 하더라도 임대인에 대해 의무만 부담할 뿐 권리를 갖고 있지 않으므로 임차권등기명령을 신청할 수 없습니다.

(2) 신청절차

- 임차권등기명령을 신청하는 임차인은 아래의 사항을 기재한 임차권등기명령신청서를 작성하여 기명날인 또는 서명한 후 관련 첨부서류와 함께 임차주택의 소재지를 관할하는 지방법원·지방법원지원 또는 시·군 법원에 접수해야 합니다.

① 사건의 표시

② 임차인과 임대인의 성명, 주소, 임차인의 주민등록번호(임차인이나 임대인이 법인 또는 법인 아닌 단체인 경우에는 법인명 또는 단체명, 대표자, 법인등록번호, 본점·사업장소재지)

③ 대리인이 신청할 때는 그 성명과 주소

④ 임대차의 목적인 주택 또는 건물의 표시(임대차의 목적이 주택 또는 건물의 일부인 경우에는 그 목적인 부분을 표시한 도면을 첨부합니다)

⑤ 반환받지 못한 임차보증금액 및 차임(등기하지 아니한 전세계약의 경우에는 전세금)

⑥ 신청의 취지와 이유

⑦ 첨부서류의 표시

⑧ 연월일

⑨ 법원의 표시

※ 임차권등기명령신청서 제출 시 첨부서류
- 임대인 소유로 등기된 주택 또는 건물의 등기사항증명서
- 임대인의 소유가 아닌 주택 또는 건물은 즉시 임대인의 명의로 소유권보존등기를 할 수 있음을 증명하는 서면(예를 들면, 건축물대장)
- 임대차계약증서
- 신청당시 대항력을 취득한 임차인은 임차주택을 점유하기 시작한 날과 주민등록을 마친 날을 소명하는 서류
- 신청당시 우선변제권을 취득한 임차인은 임차주택을 점유하기 시작한 날과 주민등록을 마친 날을 소명하는 서류 및 공정증서로 작성되거나 확정일자가 찍혀있는 임대차계약증서
- 임대차 목적물에 관한 등기부상의 용도가 주거시설이 아닌 경우에는 임대차계약체결 시부터 현재까지 주거용으로 사용하고 있음을 증명하는 서류

- 임차인은 임차권등기명령의 신청과 그에 따른 임차권등기와 관련하여 든 비용을 임대인에게 청구할 수 있습니다.

(3) 임차권등기명령신청에 대한 재판

- 관할 법원은 임차권등기명령신청의 신청에 대한 재판을 변론 없이 할 수 있고, 임차권등기명령에 대한 재판은 결정으로 임차권등기명령을 발하거나 기각합니다.
- 임차권등기명령은 판결에 의한 경우에는 선고를 한 때, 결정에 의한 경우에는 상당한 방법으로 임대인에게 고지한 때에 그 효력이 발생합니다.
- 임대인의 임차보증금의 반환의무가 임차인의 임차권등기 말소의무보다 먼저 이행되어야 합니다. 임차권등기명령에 따른 임차권등기는 이미 사실상 이행지체에 빠진 임대인의 임차보증금의 반환의무와 그에 대응하는 임차인의 권리를 보전하기 위하여 새로이 경료 하는 것이기 때문에 임차권등기에 대한 임차인의 말소의무를 동시이행관계에 있는 것으로 해석할 것은 아니기 때문입니다(대법원 2005. 6. 9. 선고 2005다4529 판결).

- 임차인은 임차권등기명령신청을 기각하는 결정에 대해 항고할 수 있습니다.
- 이 항고는 제기기간에 제한이 없는 통상 항고로서 항고의 이익이 있는 한 보증금을 전부 돌려받을 때까지 언제든지 제기할 수 있습니다.

3) 임차권등기의 효과

(1) 대항력 및 우선변제권의 유지

- 임차인이 임차권등기명령 이전에 이미 대항력이나 우선변제권을 취득한 경우에, 그 대항력이나 우선변제권은 그대로 유지되며, 임차권등기 이후에 대항요건을 상실하더라도 이미 취득한 대항력이나 우선변제권을 상실하지 않습니다.
- 따라서 임차인이 임차권등기 이후에 이사를 가더라도 여전히 종전의 임차주택에 대한 대항력과 우선변제권은 유지되므로 보증금을 우선하여 변제받을 수 있습니다.

(2) 대항력 및 우선변제권의 취득

- 임차인이 임차권등기명령 이전에 대항력이나 우선변제권을 취득하지 못한 경우에, 임차권등기가 마쳐지면 대항력과 우선변제권을 취득하게 됩니다.
- 다만, 임차권등기를 마치면, 그 등기 시점을 기준으로 대항력과 우선변제권의 취득여부를 판단하기 때문에 임차권등기 이전에 임차주택에 대한 저당권 등의 담보권이 설정된 경우에는 담보권실행을 위한 경매절차에서 매각허가를 받은 매수인에게 대항하거나 그 담보권보다 우선하여 배당을 받을 수는 없게 됩니다.

(3) 소액보증금의 최우선변제권 배제

임차권등기가 끝난 주택을 그 이후에 임차한 임차인은 소액보증금의 우선변제를 받을 수 없게 됩니다. 이것은 임차권등기 후의 소액임차인에 의한 최우선변제권의 행사로 임차권등기를 한 임차인이 입을지 모르는 예상하지 못한 손해를 방지하기 위한 취지입니다.

보증금 못 받고 이사 나갈 때

Q. 계약 기간의 만료되어 이사 가려고 하는데 보증금은 새로운 세입자가 들어오면 그 때 준다고 합니다. 집주인의 말을 믿고 지금 이사를 가도 될까요?

A. 「주택임대차보호법」은 주택의 인도와 주민등록을 대항력의 취득 및 존속 요건으로 하고 있기 때문에 임차인이 임대차가 종료되었음에도 보증금을 돌려받지 못하고 이사를 가게 되면 종전에 취득하였던 대항력 및 우선변제권이 상실되므로 보증금을 돌려받기 어려워지게 됩니다.
이러한 문제를 해결하기 위해 임차권등기명령제도는 법원의 집행명령에 따른 등기를 마치면 임차인에게 대항력 및 우선변제권을 유지하게 하면서 임차주택에서 자유롭게 이사할 수 있게 하는 제도입니다.

◇ 임차보증금의 반환 및 임차주택의 반환

☞ 임대차가 종료되더라도 임차인이 보증금을 돌려받을 때까지는 임대차관계가 존속하는 것으로 간주되므로, 임대인과 임차인은 임대차계약상의 권리의무를 그대로 가지게 됩니다.

☞ 임대차가 종료되었는데도 집주인이 보증금을 돌려주지 않는 경우에는 이사를 가면 대항력과 우선변제권이 없어지기 때문에 보증금을 반환받을 때까지 이사를 가지 않는 것이 좋습니다.

◇ 임차권등기명령제도

☞ 임차인은 임대차가 종료된 후 보증금이 반환되지 않은 경우에 임차권 등기명령을 신청할 수 있는 권한을 얻게 됩니다.
임차권등기명령을 받아서 임차권등기를 해 놓으면 대항력과 우선변제권을 취득하거나 유지할 수 있게 됩니다.
따라서 임차인은 임차권등기를 마친 후 임차주택을 인도하고 이사를 가더라도 대항력과 우선변제권을 유지할 수 있게 됩니다.
또한, 차임지급의무를 면하고, 임대인이 보증금반환채권을 지체한 것에 대한 지연손해금채권을 가지게 됩니다.

☞ 임차인은 임차권등기명령의 신청과 그에 따른 임차권등기와 관련하여 든 비용을 임대인에게 청구할 수 있습니다.

☞ 임차권등기명령제도는 가까운 법원의 민원실에서 안내받을 수 있습니다.

2. 소액보증금 우선변제

1) 소액임차인의 우선변제권

소액임차인은 비록 확정일자가 늦어 선순위로 변제를 받지 못하는 경우라도 임차주택에 대하여 선순위담보권자의 경매신청 등기 전에 대항력을 갖춘 경우에는 보증금 중 일정액을 다른 담보물권자보다 우선하여 변제받을 권리가 있습니다. 소액임차인의 우선변제를 받을 수 있는 채권은 압류하지 못합니다.

2) 소액임차인의 우선변제 요건

(1) 소액임차인의 범위에 속할 것

최우선변제 받을 수 있는 임차인은 보증금이 다음의 구분에 따른 금액 이하인 임차인이어야 합니다.

① 서울특별시 : 1억1천만원

② 「수도권정비계획법」에 따른 과밀억제권역(서울특별시 제외), 세종특별자치시, 용인시 및 화성시: 1억원

※ 과밀억제권역에 해당되는 지역은, 서울특별시, 인천광역시(강화군, 옹진군, 서구 대곡동·불로동·마전동·금곡동·오류동·왕길동·당하동·원당동, 인천경제자유구역 및 남동 국가산업단지 제외), 의정부시, 구리시, 남양주시(호평동·평내동·금곡동·일패동·이패동·삼패동·가운동·수석동·지금동 및 도농동에 한함), 하남시, 고양시, 수원시, 성남시, 안양시, 부천시, 광명시, 과천시, 의왕시, 군포시, 시흥시(반월특수지역 제외)입니다

③ 광역시(「수도권정비계획법」에 따른 과밀억제권역에 포함된 지역과 군지역 제외), 안산시, 김포시, 광주시 및 파주시 : 6천만원

④ 그 밖의 지역 : 5천만원

(2) 주택에 대한 경매신청의 등기 전까지 대항요건을 갖출 것

- 임차인은 임차주택에 대한 경매신청의 등기 전에 대항요건인 주택의 인도와 주민등록을 갖추어야 합니다.
- 이러한 대항요건은 집행법원이 정한 배당요구의 종기인 경락기일까지 계속 존속되어야 합니다(대법원 1997. 10. 10. 선고 95다44597 판결).

(3) 임차주택이 경매 또는 체납처분에 따라 매각될 것

- 소액임차인이 우선변제권을 행사하기 위해서는 임차주택이 경매 또는 체납처분에 따라 매각되는 경우이어야 합니다.
- 이는 경매나 체납처분에 의하지 않고 단순히 매매, 교환 등의 법률행위에 따라 임차주택이 양도되는 경우에는 대항력의 여부만이 문제될 뿐이고, 우선변제권이 인정될 여지가 없기 때문입니다.

(4) 배당요구 또는 우선권행사의 신고가 있을 것

- 임차주택이 경매 또는 체납처분에 따라 매각되는 경우에 집행법원에 배당요구를 하거나 체납처분청에 우선권행사의 신고를 해야 합니다(대법원 2002. 1. 22. 선고 2001다70702 판결).
- 배당요구는 채권의 원인과 액수를 적은 서면으로 하면 됩니다. 이 경우 배당요구의 자격을 증명하는 서면을 첨부해야 합니다(「민사집행법」 제88조제1항 및 「민사집행규칙」 제48조).

3) 우선변제권의 효과

- 소액임차인이 임차주택에 대한 경매신청의 등기 전에 대항력을 갖춘 경우에는 보증금 중 일정액을 다른 담보물권자보다 우선하여 변제받을 권리를 가집니다.
- 소액임차인이 우선변제를 받을 수 있는 금액은 그 보증금 중 다음의 구분에 따른 금액 이하입니다. 이 경우 우선변제 금액이 주택가액의 2분의 1을 초과하는 경우에는 주택가액의 2분의 1에 해당하는 금액에 한합니다.

① 서울특별시 : 3천700만원

② 「수도권정비계획법」에 따른 과밀억제권역(서울특별시 제외), 세종특별자치시, 용인시 및 화성시 : 3천400만원

③ 광역시(「수도권정비계획법」에 따른 과밀억제권역에 포함된 지역과 군지역 제외), 안산시, 김포시, 광주시 및 파주시 : 2천만원

④ 그 밖의 지역 : 1천700만원

※다만, 소액보증금 보호에 관한 「주택임대차보호법 시행령」 제10조제1항은 2018년 9월 18일 당시 존속 중인 임대차계약에 대해서도 적용하되, 그 전에 임차주택에 대하여 담보물권을 취득한 자에 대해서는 종전의 규정에 따릅니다.

- 이 경우 하나의 주택에 임차인이 2명 이상이고, 그 각 보증금 중 일정액의 합산액이 주택의 가액의 2분의 1을 초과하는 경우에는 그 각 보증금 중 일정액의 합산액에 대한 각 임차인의 보증금 중 일정액의 비율로 그 주택의 가액의 2분의1에 해당하는 금액을 분할한 금액을 각 임차인의 우선변제 금액으로 봅니다.

4) 우선변제권을 행사할 수 없는 소액임차인

- 임차주택이 임차권등기명령의 집행에 따라 임차권등기가 끝난 주택을 그 이후에 임차한 임차인은 소액임차인에 해당되어도 우선변제권을 행사할 수 없습니다.
- 처음 주택임대차계약을 체결할 때에는 소액임차인에 해당되었지만, 그 후 계약을 갱신하는 과정에서 보증금이 증액되어 소액임차인에 해당하지 않는 경우에는 우선변제권을 행사할 수 없습니다(대구지법 2004. 3. 31. 선고 2003가단134010 판결).

소액보증금 최우선변제
Q. 이사하고 바빠서 전입신고를 6개월 늦게 한 사이에 저당권이 설정되었습니다. 1년쯤 지나 저당권을 설정한 은행이 경매를 신청했는데 전세보증금을 돌려받을 수 있을까요?
A. 소액임차인의 보증금을 보호하기 위해 특별히 인정하는 최우선변제권이라는 권리가 있습니다. 소액임차인에 해당되고, 경매신청의 원인이 된 권리의 등기 전에 주택의 인도와 주민등록을 마쳐 대항력을 갖고 있는 경우 선순위 담보물권자가 있더라도 보증금 중 일정액을 그 담보물권자보다 우선하여 변제받을 권리입니다. 또한 비록 소액임차인에 해당하지 않더라도 주택의 인도와 주민등록을 마치고 확정일자를 갖춘 경우 다른 담보물권자와 함께 순위에 따라 변제받을 수 있습니다. 실제 변제받으려면 소액임차인은 임차주택이 경매 또는 체납처분에 따라 매각되는 경우에 집행법원에 배당요구를 하거나 체납처분청에 우선권 행사를 하겠다는 신고를 해야 합니다.

3. 집행권원의 확보

1) 집행권원 확보

- 임대차기간이 만료되었는데도 임대인이 보증금을 반환하지 않는 경우, 임차인은 임차주택에 대해 보증금반환청구소송의 확정판결이나 그 밖에 이에 준하는 집행권원에 기한 경매를 신청하여 보증금을 회수할 수 있습니다. 보증금 회수 강제집행의 집행권원을 확보하기 위한 소송은 임대차가 종료한 후라면 임차주택에서 퇴거를 하지 않더라도 임차인이 제기할 수 있습니다.
- "집행권원"이란, 국가의 강제력에 의해 실현될 청구권의 존재와 범위를 표시하고 집행력이 부여된 공정증서를 말하는 것으로서, 확정판결에 준하는 효력이 있는 집행권원에는 화해조서, 조정조서, 확정된 조정에 갈음하는 결정, 화해권고결정, 집행증서, 확정된 지급명령 그 밖에 판결과 같은 효력이 있는 일체의 집행권원을 포함합니다.

2) 집행권원 확보 전 준비사항

(1) 내용증명우편의 발송

- 임대인이 임대차가 종료되었음에도 보증금을 돌려주지 않는 경우에는 임차인은 임대차계약 사실, 임대차의 종료됨에 따라 반환받아야 할 보증금의 액수 등을 적은 내용증명우편을 발송하여 보증금의 반환을 독촉합니다.
- 그럼에도 불구하고 보증금을 돌려주지 않을 경우에는 민사조정, 지급명령 등의 재판 외의 민사분쟁 해결 제도나 보증금반환청구소송을 제기하는 등 법적 절차를 취할 수밖에 없습니다.

(2) 가압류 신청

- 임대인이 재산을 은닉하거나 빼돌릴 가능성이 있으면, 임차인은 보증금반환청구소송을 제기하기 전에 동산 또는 부동산에 대한 강제집행을 보전하기 위해 임대인의 재산에 가압류를 해 둘 필요가 있습니다.
- 가압류란, 금전이나 금전으로 환산할 수 있는 청구권을 그대로 두면 장래 강제집행이 불가능하게 되거나 곤란하게 될 경우에 미리 일반담보가 되는 채무자의 재산을 압류하여 현상을 보전하고, 그 변경을 금지하여 장래의 강제집행을 보전하는 절차를 말합니다.

3) 지급명령 신청

(1) 지급명령의 개념

- 지급명령이란, 금전 그 밖의 대체물(代替物) 또는 유가증권의 일정수량의 지급을 목적으로 하는 청구에 관하여 채권자의 일방적 신청이 있으면 채무자를 신문하지 않고 채무자에게 그 지급을 명하는 재판을 말합니다.
- 이와 같은 지급명령은 채권자가 법정에 나가지 않고도 적은 소송비용으로 신속하게 민사 분쟁을 해결할 수 있는 장점이 있는 제도이나, 상대방이 지급명령에 대해 이의신청을 하면 결국 통상의 소송절차로 이행되는 잠정적인 분쟁의 해결절차입니다.

- 따라서 임대인이 보증금반환의무가 있다는 사실을 인정하고, 임차인의 채권의 존재자체를 다투지 않을 것으로 예상되는 경우에는 지급명령 절차를 이용하는 것이 편리합니다.

(2) 지급명령의 신청

지급명령을 신청하려는 임차인은 임대인의 주소지를 관할하는 법원에 가서 다음의 사항을 기재한 지급명령신청서를 작성하여 제출해야 합니다.

① 임대인과 임차인의 성명

② 지급명령 정본을 송달하는데 필요한 주소 및 연락처

③ 청구금액

④ 그 금액을 청구할 수 있는 취지 및 원인

(3) 지급명령의 심리

- 지급명령의 신청을 받은 법원은 임대인을 심문하지 않고, 임차인이 제출한 서류 등을 참고하여 서면심리를 하여 지급명령을 결정합니다.
- 지급명령 결정에 따라 임대인에게 지급명령 정본을 송달하게 됩니다
- 임차인이 지급명령신청서에 기재한 임대인의 주소가 실제로는 임대인이 거주하지 않아 지급명령 정본이 송달될 수 없는 경우, 법원은 임차인에게 일정 보정기간 내에 송달할 수 있는 임대인의 주소를 보정하도록 하거나 주소의 보정이 어려울 경우에는 소 제기 신청을 할 수 있습니다.
- 이 경우 임차인이 주소를 보정하면 보정한 주소로 지급명령 정본이 다시 송달되고, 보정기한 내에 임차인이 주소를 보정하지 않은 채 보정기한이 지난 경우에는 지급명령 신청이 각하됩니다.

(4) 지급명령에 대한 이의신청

- 임대인이 지급명령을 송달받은 날부터 2주 이내에 이의신청을 한 때에는 지급명령은 그 범위 안에서 효력을 잃습니다. 임대인이 지급명

령 정본을 송달받고도 2주일 이내에 이의신청을 하지 않은 채 그 기간이 지나면 지급명령은 확정되고, 임차인은 확정된 지급명령에 기한 강제집행을 신청할 수 있습니다.

- 임대인이 이의신청을 하였으나, 그 이의신청이 부적법하다고 결정되는 경우에는 법원은 이의신청을 각하합니다. 이 경우 임대인은 각하결정에 대해 즉시 항고할 수 있습니다.
- 임대인의 이의신청이 적법한 경우에는 이의신청에 따라 그 지급명령은 효력은 상실되고, 지급명령을 신청한 때에 이의신청된 청구목적의 값에 관하여 소가 제기된 것으로 봅니다.

(5) 소송절차로의 이행

- 임대인이 적법한 이의신청을 하거나 임차인이 소 제기 신청을 한 경우 또는 법원이 직권으로 소송절차에 부치는 결정을 한 경우에는 지급명령을 신청한 때에 소가 제기된 것으로 처리됩니다.
- 이 경우 임차인은 지급명령 신청서에 붙인 수수료를 공제한 소장의 인지액을 추가 납부해야 합니다. 임차인이 기간 내에 추가 인지액을 납부하지 않는 경우에는 지급명령신청서를 각하 결정하며, 이 결정에 대해서는 즉시 항고할 수 있습니다.

(6) 지급명령의 효력

지급명령에 대하여 임대인의 이의신청이 없거나, 이의신청을 취하하거나, 부적법한 이의신청의 각하 결정이 확정된 경우에는 지급명령은 확정판결과 같은 효력이 생깁니다.

4) 민사조정 신청

(1) 민사조정제도의 개념

- 민사조정제도는 판결에 의하지 않고, 조정 절차에 따라 조정담당판사, 상임 조정위원 또는 조정위원회가 분쟁 당사자로부터 주장을 듣

고 여러 사정을 참작하여 조정안을 제시하고 당사자의 자주적·자율적 분쟁 해결 노력을 존중하면서 적정·공정·신속하고 효율적으로 해결하는 제도입니다.

- 임대차기간이 만료되었는데도 임대인이 보증금을 반환하지 않는 경우에는 보증금을 회수하는 방법으로 정식 소송을 제기하기 전에 간이한 민사소송절차인 민사조정제도를 이용할 수 있습니다.

(2) 민사조정의 절차

① 조정신청서의 접수

- 임차인은 민사조정신청서를 작성하여 임대인의 주소지를 관할하는 법원에 제출하면 됩니다. 구술로도 신청이 가능하나, 구술로 신청하는 때에는 법원서기관 등 의 면전에서 진술하여야 합니다.
- 조정신청서에는 당사자, 대리인, 신청의 취지와 분쟁의 내용을 명확히 기재하여야 하며, 증거서류가 있는 경우에는 신청과 동시에 이를 제출해야 합니다. 이 경우 피신청인 수에 상응하는 부본을 제출해야 합니다.

② 조정 기일에 출석

- 조정신청서를 제출하면 얼마 후에 법원으로부터 신청인과 상대방에게 조정기일이 통지됩니다. 조정 기일에는 본인이 출석하는 것이 원칙이며, 조정담당판사의 허가가 있으면 친족이나 피용인 등을 보조인이나 대리인으로 출석하게 할 수 있습니다.
- 신청인이 조정 기일에 두 번 출석하지 않으면 조정 신청은 취하된 것으로 봅니다. 다만, 상대방이 출석하지 않으면 조정담당판사가 상당하다고 인정하는 때에는 직권으로 조정에 갈음하는 결정을 할 수 있습니다.

③ 조정의 심리

조정기일에 출석한 신청인과 상대방은 조정담당판사, 상임 조정위원 또는 조정위원회로부터 신청한 조정사건에 대해 심리를 받습니다. 신청인과 상대방은 각자 의견을 진술하며, 의견을 청취한 조정담당판사, 상임 조정위원 또는 조정위원회로부터 합의를 권고 받는 등의 심리를 받습니다.

④ 조정의 성립

- 조정 기일에 당사자가 합의하면 조정이 성립됩니다. 조정의 성립되면 그 합의내용을 조서에 기재하게 됩니다. 조정조서의 내용은 재판상 화해와 같은 효력이 있습니다.
- 재판상 화해와 동일한 효력이 있다는 것은, 동일한 내용의 판결이 있는 경우, 그 판결과 같은 법적 효력이 부여되는 것을 의미하며, 만일 상대방이 조정 조항에서 정한 의무를 성실하게 이행하지 않는 경우에는 조정조서에 기하여 강제집행을 할 수 있습니다.

⑤ 조정에 갈음하는 결정

- 조정담당판사는 합의가 성립되지 않은 사건 또는 당사자 사이에 성립된 합의의 내용이 적당하지 않다고 인정한 사건에 관해 직권으로 당사자의 이익 그 밖의 모든 사정을 참작하여 신청인의 신청취지에 반하지 않는 한도 내에서 사건의 공평한 해결을 위해 조정에 갈음하는 결정을 할 수 있습니다.
- 당사자는 조정에 갈음하는 결정에 대해 조서정본이 송달된 날부터 2주일 이내에 이의를 신청할 수 있으며, 그 기간 내에 이의신청이 있으면 그 결정은 효력을 상실하고 사건은 자동으로 소송으로 이행되며, 이의신청이 없으면 그 결정은 재판상 화해와 같은 효력이 생기게 됩니다.

⑥ 조정을 하지 않는 결정

조정담당판사는 사건이 성질상 조정을 함에 적당하지 않다고 인정하거나 당사자가 부당한 목적으로 조정의 신청을 한 것임을 인정하는 때에는 조정을 하지 않는 결정으로 사건을 종결시킬 수 있습니다.

⑦ 조정의 불성립

조정담당판사는 당사자 사이에 합의가 성립되지 않거나 성립된 합의의 내용이 상당하지 않다고 인정하는 경우에 조정에 갈음하는 결정을 하지 아니할 때에는 조정이 성립되지 아니한 것으로 사건을 종결합니다.

⑧ 소송절차로의 이행

- 신청인이 조정을 신청하였으나, 조정을 하지 않는 결정, 조정의 불성립, 조정에 갈음하는 결정에 이의 신청을 한 경우에는 조정을 신청한 때에 소송이 제기된 것으로 처리되어, 당사자가 별도의 신청을 하지 않더라도 그 사건을 자동적으로 소송절차에서 심리됩니다.
- 이 경우 신청인은 처음부터 소송을 제기하였다면 소장에 첨부하여야 할 인지액에서 조정을 신청할 때 납부한 수수료를 공제한 차액을 추가로 납부해야 합니다.

5) 소액사건심판 제기

(1) 소액사건심판의 개념

- 소액사건심판이란 3,000만원을 초과하지 않는 금전, 그 밖의 대체물이나 유가증권의 일정한 수량 지급을 목적으로 하는 사건을 간이한 절차에 따라 신속히 재판을 받을 수 있는 제도입니다.
- 따라서 임차보증금이 3,000만원을 초과하지 않는 경우, 임차인은 소액사건심판을 통해 보증금을 돌려받을 수 있습니다.
- 그러나 임차보증금이 3,000만원을 초과하는 임차인이 그 보증금 채권을 분할하여 일부 보증금의 반환을 청구하는 경우에는 소액사건에 해당되지 않습니다.

(2) 소액사건의 판단 시기

- 소액사건에 해당하는지의 판단은 제소한 때를 표준으로 합니다(대법원 1986. 5. 27. 선고 86다137, 86다138 판결).
- 만약, 소액사건으로 제소되어 심리해야 할 수 개의 소액사건을 법원이 병합하여 심리하는 경우, 그 소송물 가액의 합산액이 소액사건의 범위를 넘어도 이미 결정된 소액사건에는 변동이 생기지 않습니다(대법원 1986. 5. 27. 선고 86다137, 86다138 판결).

6) 약속어음 공증

(1) 임대인이 지급한 약속어음의 공증

임대인이 임차인에게 임차보증금의 반환을 약속하면서 어음을 발행해 주는 경우, 임차인은 임대인이 발행해준 약속어음에 공증을 받아두는 것이 안전합니다. 공증을 받은 약속어음은 법률상 공적인 증거력이 인정되어 당사자 간의 분쟁을 사전에 방지해주는 역할을 합니다.

(2) 공증 절차

- 임차인과 임대인은 함께 공증업무를 취급하는 공증인가를 받은 합동법률사무소 또는 법무법인 등의 공증기관을 방문하면 공증을 받을 수 있습니다. 공증기관이 없는 지역에서는 지방검찰청의 지청에서 공증 받을 수 있습니다.
- 임대인 또는 임차인 중 일방이 공증을 신청하는 경우에는, 신분증, 도장, 상대방의 위임장과 상대방 인감증명서를 가지고 가야 합니다. 대리인이 공증을 신청하는 경우에는, 대리인의 신분증과 도장 그리고 임대인과 임차인의 위임장 및 임대인과 임차인의 인감증명서를 가지고 가야 합니다.
- 공증을 받은 약속어음에는 강제집행을 할 수 있다는 취지가 기재된 공정증서가 첨부됩니다. 공정증서가 첨부된 약속어음의 정본은 임차인에게, 공정증서가 첨부된 약속어음의 등본은 임대인에게 각각 교부되며, 원본은 공증인이 가지고 있게 됩니다.

(3) 공증의 효과

- 공증인이 일정한 금액의 지급이나 대체물 또는 유가증권의 일정한 수량의 급여를 목적으로 하는 청구에 관하여 작성한 공정증서로서 채무자가 강제집행을 승낙한 취지가 적혀 있는 것, 즉 공정증서가 첨부된 약속어음은 집행권원으로서 집행력이 있습니다.
- 따라서 임대인이 약속어음의 지급기일에도 금전을 지급하지 않는 등 약속을 지키지 않는 경우, 임차인은 공정증서를 작성한 공증기관에서 집행문을 받아 강제경매를 신청할 수 있습니다.

7) 보증금반환청구소송 제기

(1) 보증금반환청구의 소

- 임대차기간이 만료되었는데도 임대인이 보증금을 반환하지 않는 경우 임차인은 임차주택 퇴거 전·후를 불문하고 임차주택에 대해 보증금반환청구소송의 확정판결에 기한 경매를 신청하여 보증금을 회수할 수 있습니다.
- 지급명령 등 재판 외의 간이절차에서 보증금을 돌려받지 못하는 경우에는 최후의 수단으로 소송을 통해 보증금을 돌려받을 수밖에 없습니다.

(2) 보증금반환청구의 소의 제기

임차인은 임대인 또는 본인의 주소지를 관할하는 법원에 임차주택에 대한 보증금반환청구의 소를 제기할 수 있습니다. 이 경우 임대인과 임차인이 합의로 관할법원을 정할 수 있으므로 합의로 정한 법원에 소장을 제출할 수도 있습니다.

(3) 보증금반환청구소송의 특례

- 일반 민사소송은 제1회 변론기일까지 상당한 기간이 지나야 되고, 증거조사도 엄격하게 진행되어 소제기 후 판결에 이르기까지 상당한 시간이 필요하게 됩니다.
- 그런데, 임차주택에 대한 보증금반환청구소송에서는 보증금이 3,000만원을 초과하는 경우에도 「소액사건심판법」에 따라 소송절차를 신속하게 진행할 수 있습니다.

① 소장의 송달

임차인이 보증금반환청구의 소장을 법원에 접수하면, 법원은 지체 없이 소장 부본을 임대인에게 송달합니다.

② 기일의 지정

판사는 보증금반환청구의 소가 제기되면 바로 변론기일을 정하여, 되도록 제1회의 변론기일로 심리를 종결합니다. 이를 위해 판사는 변론기일 전이라도 당사자에게 증거신청을 하게 하는 등의 필요한 조치를 취할 수 있습니다.

③ 증거조사에 관한 특칙

- 판사는 필요한 때에는 직권으로 증거조사를 할 수 있으나, 그 증거조사의 결과에 관하여는 당사자의 의견을 들어야 합니다.
- 판사가 증인을 신문하지만, 임차인과 임대인도 판사에게 알린 후에는 증인신문을 할 수 있습니다.
- 판사가 상당하다고 인정하는 때에는 증인신문 없이 증언할 내용을 기재한 서면을 제출하게 할 수 있습니다

④ 판결에 관한 특례

판결의 선고는 변론종결 후 즉시 할 수 있으며, 이 경우 주문을 낭독하고 주문이 정당함을 인정할 수 있는 범위 안에서 그 이유의 요지를 구술로 설명해야 하며, 판결서에는 이유가 기재되지 않을 수 있습니다

(4) 보증금반환청구소송의 확정판결의 효과

① 반대의무의 이행 또는 이행의 제공의 불요

- 임대인이 보증금반환청구소송의 판결문에 기재된 대로 의무이행을 하지 않는 때에는 임차인은 확정판결에 기한 강제경매를 신청하는 경우 임차인의 임차주택 인도(퇴거)의 이행 또는 이행의 제공을 집행개시의 요건으로 하지 않습니다.
- 따라서 임대인에게 보증금반환의 최고는 물론 임차주택의 인도 또는 인도의 제공을 하지 않고도 바로 강제경매신청을 할 수 있고, 임차인은 대항력과 우선변제권을 유지할 수 있습니다.

② 우선변제권의 행사

대항요건과 임대차계약증서 상의 확정일자를 갖춘 임차인은 경매 또는 공매를 할 때에 임차주택(대지를 포함한다)의 환가대금에서 후순위권리자나 그 밖의 채권자보다 우선하여 보증금을 변제받을 권리가 있고, 소액임차인의 경우에는 최우선변제권을 행사할 수 있습니다.

③ 배당금의 수령

임차인은 임차주택의 환가대금에서 배당금을 수령하기 위해서는 임차주택을 양수인에게 인도해야 합니다(「주택임대차보호법」 제3조의2제3항). 왜냐하면, 반대의무의 이행 또는 이행의 제공을 요하지 않는 것은 집행개시의 경우에만 한정되기 때문입니다.

4. 강제경매 신청

1) 강제경매의 개념

"강제경매"란 부동산에 대한 강제집행 방법의 하나로서 법원에서 채무자의 부동산을 압류·매각하여 그 대금으로 채권자의 금전채권의 만족에 충당시키는 절차입니다.

※ 강제집행

강제집행의 의의

강제집행이란, 채권자의 신청에 따라 집행권원에 표시된 사법상의 이행청구권을 국가권력에 의해 강제적으로 실현하는 법적 절차를 말합니다.

강제집행의 요건

강제집행을 신청하려면 집행권원과 집행문이 있어야 합니다.

√ 집행권원은 실체법상의 청구권의 존재와 범위를 표시하고 법률상 집행력을 인정한 공문서로서, 주로 이용되는 것은 확정판결, 가집행선고부판결, 화해조서, 인낙조서, 조정조서, 확정된 지급명령, 공정증서 등이 있습니다.

√ 집행문은 집행권원에 집행력이 있다는 것과 누가 집행당사자인가를 집행권원 끝에 덧붙여 적는 공증문서입니다. 예컨대 "이 판결 정본은 피고 아무개에 대한 강제집행을 실시하기 위해 원고 아무개에게 준다." 라고 기재하고, 법원사무관 등이 기명·날인한 후 내어 줍니다.

2) 강제경매의 신청

부동산에 대한 강제경매는 ① 강제경매의 신청, ② 강제경매개시의 결정, ③ 배당요구의 종기 결정 및 공고, ④ 매각의 준비, ⑤ 매각기일 및 매각결정기일 등의 지정·공고·통지, ⑥ 매각의 실시, ⑦ 매각결정 절차, ⑧ 매각대금의 납부, ⑨ 배당절차, ⑩ 소유권이전등기와 인도의 순서에 따라 진행됩니다.

① 강제경매의 신청

- 임차인은 다음의 사항을 적은 강제경매신청서를 부동산이 있는 곳의 지방법원에 제출하면 됩니다.

ⓐ 채권자·채무자와 법원의 표시

ⓑ 부동산의 표시

ⓒ 경매의 이유가 된 일정한 채권과 집행할 수 있는 일정한 집행권원

- 강제경매신청서에는 집행력 있는 집행권원의 정본과 채무자의 소유로 등기된 부동산의 등기사항증명서를 첨부해야 합니다.
- 민사집행의 신청을 하는 때에는 채권자는 민사집행에 필요한 비용으로서 법원이 정하는 금액을 미리 내야 합니다.

② 강제경매개시의 결정

- 법원은 강제경매신청서의 기재사항과 첨부서류에 따라 강제집행의 요건, 집행개시 요건 등에 관한 심사결과 그 신청이 적법하다고 인정되면 강제경매개시결정을 하는 동시에 그 부동산의 압류를 명하게 됩니다.
- 법원이 경매개시결정을 하면, 법원사무관 등은 즉시 그 사유를 등기부에 기입하도록 등기관에게 촉탁하고, 등기관은 경매개시결정사유를 등기부에 기입하게 됩니다.
- 압류의 효력은 채무자에게 그 결정이 송달된 때 또는 경매개시결정의 기입등기가 된 때 중 먼저 된 때에 그 효력이 생깁니다.

③ 배당요구의 종기 결정 및 공고

- 경매개시결정에 따른 압류의 효력이 생긴 때에는 집행법원은 절차에 필요한 기간을 감안하여 배당요구를 할 수 있는 종기를 첫 매각기일 이전으로 정하고 압류의 효력이 생긴 때부터 1주 이내에 공고합니다.
- 배당요구를 하지 않아도 배당을 받을 수 있는 채권자(첫 경매개시결정 등기 전에 이미 등기를 마친 담보권자, 임차권등기권자, 체납처분에 의한 압류등기권자, 가압류권자, 배당요구종기까지 한 경매신청에 의하여 2중 개시결정이 된 경우 뒤의 압류채권자)가 아니면 배당요구의 종기까지 배당요구를 해야 배당을 받을 수 있습니다.
- 배당요구의 종기까지 배당요구를 해야 하는 사람은 집행력 있는 정본을 가진 채권자, 「주택임대차보호법」에 의한 소액임차인, 확정일자부 임차인입니다.
- 종기일까지 배당요구를 하지 않은 경우에는 선순위 채권자라도 경매절차에서 배당을 받을 수 없게 될 뿐만 아니라, 자기보다 후순위 채권자로서 배당을 받은 자를 상대로 부당이득반환청구를 하는 것도 허용되지 않습니다(대법원 1997. 2. 25. 선고 96다10263 판결).

④ 매각의 준비

- 경매개시결정이 있게 되면, 집행법원은 경매 목적물의 환가(입찰의 방법으로 매각하여 매각대금을 조성함)를 위한 준비를 하게 됩니다.
- 법원은 경매개시결정일로부터 3일 내에 등기부에 기입된 부동산의 권리자 등에 대하여 채권의 원금, 이자, 비용 그 밖의 부대채권에 관한 계산서를 배당요구 종기일까지 제출할 것을 통지합니다.
- 법원은 경매개시결정을 한 후 집행관에게 부동산의 현상, 점유관계, 차임 또는 임차보증금의 액수 그 밖의 현황에 관하여 조사할 것을 명하게 됩니다. 현황조사 결과 알게 된 임차인에 대하여 즉시 배당요구의 종기일까지 법원에 그 권리신고 및 배당요구를 할 것을 통지합니다.

- 집행법원은 감정인에게 경매부동산을 평가하게 하고, 그 평가액을 참작하여 최저매각가격을 정합니다. 최저매각가격은 매각을 허가하는 최저의 가격으로 그 액에 미달하는 응찰에 대하여는 매각이 허가되지 않습니다.
- 법원은 다음의 사항이 기재된 매각물건명세서를 작성해야 합니다.

ⓐ 부동산의 표시

ⓑ 부동산의 점유자와 점유의 권원, 점유할 수 있는 기간, 차임 또는 보증금에 관한 관계인의 진술

ⓒ 등기된 부동산에 관한 권리 또는 가처분으로서 매각에 의하여 그 효력이 소멸하지 않는 것

ⓓ 매각에 의하여 설정된 것으로 보게 되는 지상권의 개요

- 매각물건명세서·현황조사보고서 및 감정평가서의 사본을 법원에 비치하여 누구든지 볼 수 있도록 합니다.

⑤ 매각기일 및 매각결정기일 등의 지정·공고·통지

- 집행법원은 경매절차를 취소할 사유가 없는 경우에는 매각명령을 하고, 직권으로 매각기일을 지정하여 공고합니다. 매각기일은 2주 전까지 공고해야 합니다.
- 매각이 실시되어 최고가매수신고인이 있을 때 법원이 출석한 이해관계인의 진술을 듣고 매각절차의 적법여부를 심사하여 매각허가 또는 불허가의 결정을 선고하는 매각결정기일은 매각기일로부터 1주일 이내로 정하여, 공고됩니다.
- 법원이 매각기일과 매각결정기일(기일입찰), 입찰기간 및 매각기일(기간입찰)을 지정하면 이를 이해관계인에게 통지합니다. 통지는 집행기록에 표시된 이해관계인의 주소에 등기우편으로 발송하여 할 수 있으며, 발송한 때 송달된 것으로 간주됩니다.

⑥ 매각의 실시

- 부동산의 매각은 매각기일에 하는 호가경매, 매각기일에 입찰 및 개찰하게 하는 기일입찰, 입찰기간 내에 입찰하게 하여 매각기일에 개찰하는 기간입찰의 세 가지 방법으로 합니다.

- 집행관이 매각기일에 매각을 개시한다는 취지를 선언함에 따라 매각이 개시됩니다. 집행관은 기일입찰 또는 호가경매의 방법에 의한 매각기일에는 매각물건명세서·현황조사보고서 및 평가서의 사본을 볼 수 있도록 하고, 특별한 매각조건이 있는 때에는 고지하여 매수가격을 신고하도록 알립니다.
- 호가경매는 호가경매기일에 매수신청의 액을 서로 올려가는 방법으로, 매수신청을 한 사람은 더 높은 액의 매수신청이 있을 때까지 신청액에 구속됩니다.
- 기일입찰은 입찰표에 사건번호와 부동산의 표시, 입찰자의 이름과 주소, 대리인을 통하여 입찰을 하는 때에는 대리인의 이름과 주소, 입찰가격을 기재하여 입찰표를 집행관에게 제출합니다. 기일입찰의 입찰을 취소·변경 또는 교환할 수 없습니다.
- 기간입찰은 입찰기간은 1주 이상 1개월 이하의 범위 안에서 정하고, 매각기일은 입찰기간이 끝난 후 1주 안의 날로 정해지며, 입찰표를 넣고 봉함을 한 봉투의 겉면에 매각기일을 적어 집행관에게 제출하거나 그 봉투를 등기우편으로 부치는 방법으로 입찰합니다.
- 매수신청인은 집행법원이 정하는 금액과 방법에 맞는 보증금을 집행관에게 제공해야 합니다. 호가경매와 기간입찰 및 기일입찰은 최저매각가격의 10분의 1에 해당하는 보증금액을 제공해야 하지만, 법원이 다르게 정할 수 있습니다.
- 집행관이 입찰을 알리는 때에는 입찰마감 시각과 개찰 시각을 고지해야 합니다.다만, 입찰표의 제출을 최고한 후 1시간이 지나지 않으면 입찰을 마감하지 못합니다. 집행관은 입찰표를 개봉할 때에 입찰을 한 사람을 참여시키고, 입찰목적물, 입찰자의 이름 및 입찰가격을 불러야 합니다.
- 집행관은 개찰을 시작하면서 최고가 매수신고인 및 다음 순위의 매수신고인을 결정합니다. 호가경매는 최고가 매수신고인 결정방식이 기일입찰 또는 기간입찰과는 다릅니다. 집행관이 매수신청의 액 가운데 최고의 것을 3회 부른 후 그 신청을 한 사람을 최고가 매수신고인으로 정하여, 그 이름과 매수신청의 액을 고지합니다.

- 최고가 매수신고인 및 다음 순위의 매수신고인이 결정되면 집행관은 입찰의 종결을 고지합니다. 입찰자가 없는 때에는 입찰불능으로 처리하여 종결을 고지합니다.
- 입찰종결 후 최고가 매수신고인 및 다음 순위의 매수신고인 이외의 입찰자들에게 매수보증금을 반환합니다.

⑦ 매각결정 절차
- 법원은 입찰기일의 종료 후 매각결정기일을 열어 매각의 허가에 관하여 이해관계인의 진술을 듣고 직권으로 법이 정한 이의사유가 있는지 여부를 조사한 다음, 매각의 허가 또는 불허가 결정을 선고합니다.
- 이해관계인이 매각허가 또는 불허가의 결정에 의하여 손해를 받는 때에는 즉시 항고할 수 있고, 또 매각허가의 이유가 없거나 허가결정에 기재한 이외의 조건으로 허가할 것임을 주장하는 매수인 또는 매각허가를 주장하는 매수인도 즉시 항고할 수 있습니다.

⑧ 매각대금의 납부
- 법원은 매각허가결정이 확정되면 지체 없이 대금지급기한을 지정하게 되며, 낙찰자는 대금지급기일에 낙찰대금을 납부해야 합니다.
- 매각대금은 지정된 기한 내에 법원에서 발급하는 납부명령서와 함께 은행에 납부해야 합니다. 납부할 금액은 매각대금에서 입찰보증금으로 제공한 금액(현금 또는 자기앞수표)을 제외한 금액입니다.

⑨ 배당절차
- 매각대금이 지급되면 법원은 배당절차를 밟게 됩니다. 매각대금으로 배당에 참가한 모든 채권자를 만족하게 할 수 없는 때에는 법원은 「민법」, 「상법」, 그 밖의 법률에 의한 우선순위에 따라 배당합니다.
- 배당받을 채권자는 다음 어느 하나의 사람이 됩니다.

ⓐ 배당요구의 종기까지 경매신청을 한 압류채권자

ⓑ 배당요구의 종기까지 배당요구를 한 채권자

ⓒ 첫 경매개시결정 등기 전에 등기된 가압류채권자

ⓓ 저당권·전세권, 그 밖의 우선변제청구권으로서 첫 경매개시결정 등기 전에 등기되었고 매각으로 소멸하는 것을 가진 채권자

- 배당기일이 정하여진 때에는 각 채권자는 채권의 원금·배당기일까지의 이자, 그 밖의 부대채권 및 집행비용을 적은 계산서를 1주 안에 법원에 제출해야 합니다.
- 집행법원은 미리 작성한 배당표 원안을 배당기일에 출석한 이해관계인과 배당요구채권자에게 열람시켜 그들의 의견을 듣고, 즉시 조사할 수 있는 서증을 조사한 다음, 이에 기하여 배당표 원안에 추가·정정할 것이 있으면 추가·정정하여 배당표를 완성·확정합니다.
- 배당기일에 이의가 없는 때에는 배당표에 따라 배당을 합니다. 이의가 있더라도 이의를 정당하다고 인정하거나 다른 방법으로 합의한 때에는 이에 따라 배당표를 경정하여 배당을 실시하고, 이의가 완결되지 아니한 때에는 이의가 없는 부분에 한하여 배당을 실시하게 됩니다.

⑩ 소유권이전등기 등의 촉탁·부동산 인도명령

- 매수인은 매각대금을 다 낸 때에 매각의 목적인 권리를 취득하게 됩니다(「민사집행법」 제135조). 이 경우 집행법원은 매수인 명의의 소유권이전등기, 매수인이 인수하지 않은 부동산 상의 부담의 말소등기를 등기관에게 촉탁하게 됩니다.
- 매수인이 매각대금 전액을 납부한 후에는 채무자에 대하여 직접 자기에게 매각부동산을 인도할 것을 구할 수 있으나, 채무자가 임의로 인도하지 않은 때에는 대금완납 후 6개월 이내에 집행법원에 대하여 집행관으로 하여금 매각부동산을 강제로 매수인에게 인도케 하는 내용의 인도명령을 신청하여 그 명령에 의하여 부동산을 인도받을 수 있습니다.

5. 배당요구

1) 배당요구

- 배당요구란 다른 채권자에 의해 개시된 집행절차에 참가하여 동일한 재산의 매각대금에서 변제를 받기 위해 하는 채권자의 신청을 말합니다.
- 금전 집행 절차에서 배당요구의 결과, 다수의 채권자가 경합하게 되어 매각대금으로 배당에 참가한 모든 채권자를 만족하게 할 수 없는 때에는 법원은 「민법」, 「상법」, 그 밖의 법률에 따른 우선순위에 따라 배당하게 됩니다.

2) 배당요구의 절차

(1) 배당요구를 할 수 있는 채권자

집행력 있는 정본을 가진 채권자, 경매개시결정이 등기된 뒤에 가압류를 한 채권자, 「민법」, 「상법」, 그 밖의 법률에 따라 우선변제청구권이 있는 채권자는 배당요구를 할 수 있으므로 우선변제권을 취득한 임차인과 소액임차인은 다른 채권자에 의해 개시된 집행절차에 참가하여 배당요구를 할 수 있습니다.

(2) 배당요구의 시기 및 종기

- 임차인은 압류의 효력이 발생한 이후부터 집행법원이 정한 배당요구의 종기까지 배당요구를 해야 합니다.
- 집행법원은 경매개시결정에 따른 압류의 효력이 생긴 때에는 절차에 필요한 기간을 감안하여 배당요구를 할 수 있는 종기를 첫 매각기일 이전으로 정하여 공고하고 있습니다.
- 임차인이 배당요구의 종기까지 배당요구를 하지 않아 배당에서 제외된 경우, 임차인은 후순위채권자를 상대로 부당이득반환청구를 할 수 없습니다(대법원 1998. 10. 13. 선고 98다12379 판결).
- 임차인이 임대인의 재산에 대해 경매를 신청한 경우에는 배당요구를 하지 않아도 당연히 배당에 참가할 수 있는 채권자이기 때문에 배당받을 수 있습니다. 만약, 임차인이 배당을 받아야 함에도 배당을

받지 못하고 배당을 받을 수 없는 사람이 배당을 받은 경우 임차인은 배당을 받은 사람에게 부당이득반환청구권을 가집니다(대법원 2000. 10. 10. 선고 99다53230 판결).

(3) 배당요구의 신청

- 임차인은 채권의 원인과 액수를 기재한 서면으로 집행법원에 권리신고 및 배당요구를 해야 합니다. 이 경우 그 신청서에는 집행력 있는 정본 또는 그 사본, 그 밖에 배당요구의 자격을 소명하는 서면(임대차계약서 사본과 주민등록등본 등)을 붙여야 합니다.
- 소액임차인이 이해관계인으로서 권리신고를 한 경우에도 다시 배당요구를 해야 하나, 제출된 서류가 권리신고나 배당요구의 어느 한 쪽 취지로 볼 수 있는 서면이 제출된 때에는 배당받을 수 있습니다(대법원 1999. 2. 9. 선고 98다53547 판결).

(4) 배당 순위

- 제1순위 : 집행비용(인지대, 신청서기료, 등록면허세, 송달료, 평가비용, 현황조사비용, 수수료, 공고비 등)
- 제2순위 : 제3취득자의 비용상환청구권(필요비, 유익비)
- 제3순위 : 「주택임대차보호법」상 보증금 중 일정액, 「상가건물임대차보호법」상 보증금 중 일정액, 「근로기준법」상 임금채권 등 최종 3개월분의 임금 및 최종 3년분의 퇴직금
- 제4순위 : 당해세(국세<토지초과이득세, 상속세, 증여세, 재평가세>, 지방세<재산세, 자동차세, 도시계획세>)
- 제5순위 : 조세채권 등 당해세를 제외한 국세 및 지방세, 근저당권 및 전세권 등에 의해 담보된 채권, 확정일자 임차인
- 제6순위 : 각종 조세채권
- 제7순위 : 국세 및 지방세의 다음 순위로 징수하는 공과금(의료보험료, 고용보험료 및 산재보험료)
- 제8순위 : 일반채권

(5) 임차인의 배당액

- 대항력 및 확정일자를 갖춘 임차인

  대항력 및 확정일자를 갖춘 임차인이 배당요구의 종기까지 배당요구를 한 경우에는, 그 우선변제권 발생일을 기준으로 근저당권 등 다른 배당채권자와의 선후에 따라 배당순위가 결정되고, 이에 따라 배당금이 정해집니다.

- 최우선변제권을 가지는 소액임차인

  소액임차인이 첫 경매개시결정 등기 전에 대항요건을 갖추고 배당요구의 종기까지 배당요구를 한 경우에는 보증금 중 일정액을 다른 담보물권자보다 우선하여 배당받습니다.

- 임차권등기를 한 임차인

  경매개시결정 전에 임차권등기를 마친 임차인은 배당요구 없이도 당연히 배당을 받게 됩니다. 경매개시결정 후에 임차권등기를 마친 임차인은 배당요구의 종기까지 배당요구를 한 경우에만 배당에 참가할 수 있습니다.

(6) 배당기일의 실시

매수인이 매각대금을 지급하면, 법원은 배당에 관한 진술 및 배당을 실시할 기일을 정하고, 이해관계인과 배당을 요구한 채권자에게 이를 통지합니다.

(7) 배당표의 확정

- 법원은 채권자들이 제출한 계산서와 기록을 기초로 채권액과 배당순위를 판단하고, 배당할 금액을 계산하여 배당기일의 3일 전에 배당표의 원안을 작성하여 법원에 비치합니다.
- 법원은 출석한 이해관계인과 배당을 요구한 채권자를 심문하여 배당표를 확정하여야 합니다.

(8) 배당표에 대한 이의

- 기일에 출석한 채무자는 채권자의 채권 또는 그 채권의 순위에 대하여 이의할 수 있습니다. 다만, 채무자는 법원에 배당표 원안이 비치된 이후 배당기일이 끝날 때까지 채권자의 채권 또는 그 채권의 순위에 대하여 서면으로 이의할 수 있습니다.
- 기일에 출석한 채권자는 자기의 이해에 관계되는 범위 안에서는 다른 채권자를 상대로 그의 채권 또는 그 채권의 순위에 대하여 이의할 수 있습니다.

(9) 배당의 실시

법원은 채권자와 채무자로부처 적법한 이의가 없거나 배당기일에 출석하지 않아 배당을 실시하는 데에 동의한 것으로 보는 경우에는 배당표 원안에 따라 배당을 실시합니다.

3) 대항력과 우선변제권의 유지 필요

- 임차인이 대항요건(주택의 인도 + 주민등록)과 임대차계약서상에 확정일자를 갖추고 있다면, 임차인은 경매 또는 공매절차에 참가하여 후순위권리자 그 밖의 채권자에 우선하여 보증금을 변제받을 수 있습니다. 소액임차인인 경우에는 최우선하여 변제를 받을 수 있습니다.
- 집행절차에서 우선변제를 받기 위해서는 경매의 경우 집행법원이 정한 배당요구의 종기까지, 공매의 경우 매각대금을 배분할 때까지 대항력과 우선변제권은 존속되고 있어야 합니다(대법원 1997. 10. 10. 선고 95다44597 판결).
- 임대차가 종료된 이후 임차인이 임차권등기명령에 따라 임차권등기를 마친 경우에는 주거지를 다른 곳으로 옮기는 경우에도 대항력과 우선변제권이 유지되므로, 임차권등기를 마치는 것이 안전한 방법입니다.

4) 대항력과 우선변제권의 선택적 행사

즉, ① 임대주택에 대한 배당절차에 참가하여 우선변제권을 행사하여 그 주택의 환가대금에서 우선하여 변제받을 수도 있고, ② 배당절차에 참가하지 않고 임차주택의 경락인에게 대항력을 행사하여 보증금을 반환받을 때까지 임대차관계의 존속을 주장할 수도 있습니다.

5) 임차인의 배당요구와 임대차의 종료 여부

(1) 임차인이 보증금 전액을 배당받은 경우

- 임차주택이 경매되는 경우에 그 주택의 양수인에게 대항할 수 있는 임차인이 임대차기간이 만료되지 않았음에도 경매법원에 배당요구를 하는 것은 다른 특별한 사정이 없는 한 이를 임대차 해지의 의사표시로 보기 때문에, 임대차관계는 경매법원으로부터 임대인에게 배당요구 사실이 통지된 때에 해지로 종료됩니다(대법원 1998. 9. 18. 선고 97다28407 판결).
- 따라서 임차보증금이 전액 변제되는 경우에는 임차권은 법률의 규정에 따라 소멸됩니다.

(2) 임차인이 보증금 전액을 배당받지 못한 경우

- 임차권은 임차주택에 대해 「민사집행법」에 따른 경매가 행하여진 경우에는 그 임차주택의 경락에 따라 소멸하나, 보증금이 모두 변제되지 아니한, 대항력이 있는 임차권은 소멸하지 않습니다.
- 따라서 임차인이 배당절차에 참여하여 보증금의 전액에 대해 배당요구를 하였으나, 우선순위에 밀려 보증금 전액을 반환받지 못하였을 때에는, 임차인은 경락인에게 보증금의 잔액의 반환을 요구할 수 있고, 보증금의 전액을 반환받을 때까지 임대차관계의 존속을 주장하여 임차주택을 사용·수익할 수 있습니다(대법원 1998. 6. 26. 선고 98다2754 판결).

6) 임차주택의 인도

- 우선변제권이 있는 임차인은 임차주택의 가액으로부터 다른 채권자보다 우선하여 보증금을 변제받음과 동시에 임차목적물을 명도할 의무가 있습니다. 즉 임차인의 임차주택명도의무와 배당청구권은 동시이행관계에 있습니다.
- 따라서 경매 또는 공매 절차에서 임차인이 보증금을 수령하기 위해서는 임차주택을 명도를 증명하면 되고, 임차인의 주택명도의무가 임대인의 보증금반환의무보다 먼저 이행되어야 하는 것은 아닙니다.

6. 임대보증금 반환자금 보증제도

1) 임대보증금 반환자금 보증제도

(1) 보증신청대상자

주택에 대한 임대차 계약의 임대인으로서 다음 어느 하나에 해당하는 경우에는 보증신청을 할 수 있습니다.

① 임대차계약의 기간 만료

② 최초 임대차계약 체결 후 2년이 경과한 경우로서 임대인과 임차인의 합의에 따른 임대차계약 해지

③ 묵시적 갱신에 따른 임대차 계약의 해지

④ 임차인 측의 귀책사유에 따른 임대차계약 해지

(2) 보증대상주택

다음 요건을 모두 충족하는 주택에 대하여 보증을 실시합니다.

① 건축물의 전부 또는 일부에 대한 공부상 용도가 주택일 것

② 신청인이 소유하고 있을 것

③ 대상 주택의 소유권에 경매신청, 압류, 가압류, 가처분 및 가등기 등의 권리침해가 없을 것

④ 복합 용도 건물의 경우 총 임차 면적 중 주거전용면적이 2분의 1 이상일 것

⑤ 소득세법상 고가주택(9억원 초과 주택)이 아닐 것

(3) 보증신청시기

임대차 종료 사유에 따른 보증신청 시기는 다음과 같습니다.

임대차 종료 사유에 따른 보증신청 시기는 다음과 같습니다.	보증신청 시기
보증신청 시기	계약만료일 전·후 3개월 이내
임대차계약이 중도 해지되는 경우	계약만료일 전·후 3개월 이내
임대인과 임차인의 합의에 의한 해지	계약해지일 전·후 3개월 이내 ※ 최초 임대차계약 체결 후 2년이 경과하여야 함
묵시적 갱신에 따른 해지	임대인이 해지통지를 받은 날로부터 3개월 경과일 전·후 3개월 이내
임차인측의 귀책사유에 따른 해지	임대인이 해지 통지한 날로부터 6개월 경과일 이후 3개월 이내 ※ 3개월의 기간은 영업일 및 공휴일을 포함

(4) 보증한도

아래 보증한도별 보증금액 중 가장 적은 금액이 보증한도입니다.

보증한도	금액
통합 보증한도	3억원-기 보증잔액
보증종류별 보증한도	1억원-기 임대보증금 반환자금 보증잔액
소요자금별 한도 (3가지 중 가장 적은 금액으로 함)	·임대보증금의 30% ·[(목적물가격 × 60%) + 2천5백만원]-선순위채권액 ·임대인 반환 예정 임대보증금
주택당 한도	5천만원
※ 건축(개량)자금보증, 모기지신용보증(MCG) 구상채권회수보증, 임대보증금반환자금보증, 월세자금보증	

제3절 투하 비용의 회수

1. 유익비상환청구

1) 유익비상환청구

(1)임차인의 유익비상환청구권

- 유익비상환청구권이란 임차인이 임대차관계로 임차주택을 사용·수익하던 중 그 객관적 가치를 증가시키기 위해 투입한 비용이 있는 경우에는 임대차 종료 시에 그 가액의 증가가 현존한 때에 한해 임대인에게 임대인의 선택에 따라 임차인이 지출한 금액이나 그 증가액의 상환을 청구할 수 있는 것을 말합니다.
- 따라서, 유익비의 상환은 임차인이 임차기간 중에 지출한 유익비에 한하여 인정되고, 임차인이 유익비를 지출하여 증가된 가액이 임대차 종료 시에 현존해야 청구할 수 있습니다.
- 유익비상환청구의 범위는 임차인이 유익비로 지출한 비용과 현존하는 증가액 중 임대인이 선택한 것을 상환 받으면 됩니다. 따라서 유익비상환의무자인 임대인의 선택권을 위해 유익비는 실제로 지출한 비용과 현존하는 증가액을 모두 산정해야 합니다(대법원 2002. 11. 22. 선고 2001다40381 판결).

※ 유익비는 임차인이 임차물의 객관적 가치를 증가시키기 위하여 투입한 비용이어야 합니다.

임차인이 주관적 취미나 특수한 목적을 위하여 지출한 비용은 유익비에 포함되지 않습니다. 즉, 임차인이 임차건물을 건물용도나 임차목적과 달리 자신의 사업을 경영하기 위하여 시설개수비용이나 부착한 물건의 비용을 지출한 경우 등은 유익비에 해당하지 않습니다.

√ 예를 들어, 3층 건물 중 사무실로 사용하던 2층 부분을 임차한 후 삼계탕집을 하기 위해 보일러, 온돌방, 방문틀, 주방, 가스시설, 전등 등을 설치하고 페인트칠을 한 경우, 임차인이 음식점을 하기 위해 부착시킨 간판 등 특수한 목적에 사용하기 위한 시설개수비용은 유익비에 해당되지 않습니다(대법원 1993. 10. 8. 선고 93다25738, 93다25745 판결 및 대법원 1994. 9. 30. 선고 94다20389, 20396 판결).

(2)유익비상환청구 시기 및 기간

- 임차인이 유익비를 지출한 경우에는 필요비를 지출한 경우와는 달리 즉시 그 상환을 청구할 수는 없으며, 임대차가 종료하여야 비로소 청구할 수 있습니다.
- 임차인이 유익비의 상환을 청구하면, 임대인은 이에 응하여야 하나, 과다한 유익비의 일시적인 상환의무로 곤경에 처할 수도 있기 때문에 법원은 임대인의 청구에 따라 상당기간 상환의 유예를 허여할 수 있습니다.
- 유익비의 상환청구는 임대인이 임차주택을 반환을 받은 날부터 6개월 내에 해야 합니다(「민법」 제654조에 따른 제617조의 준용). 다만 법원이 상당기간 상환의 유예를 허락한 경우에는 그 기간이 경과한 때로부터 6개월의 기간을 기산하면 됩니다.

(3) 유익비상환청구권의 포기

- 임차인의 유익비상환청구권은 강행규정이 아니므로 당사자 사이의 특약으로 유익비의 상환청구를 포기하거나 제한하는 것이 가능합니다.
- 따라서 임차인이 임대차계약을 체결할 때 임차주택을 임대인에게 명도할 때에 일체 비용을 부담하여 원상복구를 하기로 약정한 경우에는 유익비의 상환을 청구할 수 없습니다(대법원 2002. 11. 22. 선고 2001다40381 판결).

2) 유익비상환청구의 효과

- 임차인은 임차주택에 대한 유익비의 상환을 받을 때까지 그 주택을 점유할 권리가 있습니다.
- 따라서 임차인은 종전과 같이 임차주택을 점유하면서 사용·수익할 수 있습니다. 다만, 이때의 점유기간 동안의 차임상당액은 부당이득으로 임대인에게 반환해야 합니다.

집 수리비
Q. 임차한 집에 거주하던 중 제 돈으로 집수리를 했습니다. 나중에 돌려받을 수 있나요?
A. 임차인이 집수리를 위해 지출한 필요비나 유익비는 임대인에게 그 비용을 반환 청구할 수 있습니다. 임대차 계약이 종료된 후에도 필요비나 유익비를 반환받지 않았다면 주택의 인도를 거부할 수 있습니다. ◇ 필요비 상환청구 ☞ "필요비"란 임대차계약이 목적에 따라 임차주택을 사용·수익하는 데 적당한 상태를 보존, 유지하기 위해 필요한 모든 비용을 말합니다. ☞ 여기에는 임대인의 동의 없이 지출한 비용도 포함됩니다. 임차인은 임차주택의 보존에 관해 필요비를 지출한 때에는 비용이 발생한 즉시 임대인에게 그 비용을 청구할 수 있습니다. ☞ 다만, 임차인이 별 비용을 들이지 않고 손쉽게 고칠 수 있을 정도의 사소한 것이어서 임차인의 사용·수익을 방해할 정도의 것이 아니라면 그 수선의무는 임차인이 부담합니다. ◇ 유익비 상환청구 ☞ "유익비상환청구권"이란 임차인이 임대차관계로 임차주택을 사용·수익하던 중 그 객관적 가치를 증가시키기 위해 투입한 비용이 있는 경우 임대차 종료 시에 그 가액의 증가가 현존한 때에 한해 임대인에게 임대인의 선택에 따라 임차인이 지출한 금액이나 그 증가액의 상환을 청구할 수 있는 것을 말합니다. ☞ 따라서 유익비의 상환은 임차인이 임차기간 중에 지출한 유익비에 한하여 인정되고, 임차인이 유익비를 지출하여 증가된 가액이 임대차 종료 시에 현존해야 청구할 수 있습니다.

2. 부속물매수청구

1) 부속물매수청구권

(1) 임차인의 부속물매수청구권

주택의 임차인이 임차주택의 사용의 편익을 위하여 임대인의 동의를 얻어 그 주택에 부속한 물건이 있거나 임대인으로부터 매수한 부속물이 있는 때에는 임대차의 종료 시에 임대인에게 그 부속물의 매수를 청구할 수 있습니다.

(2) 전차인의 부속물매수청구권

임차인이 임차주택을 적법하게 전대한 경우, 전차인이 그 사용의 편익을 위하여 임대인의 동의를 얻어 이에 부속한 물건이 있는 때에는 전대차의 종료 시에 임대인에게 그 부속물의 매수를 청구할 수 있으며, 임대인으로부터 매수하였거나 그 동의를 얻어 임차인으로부터 매수한 부속물에 대해서도 매수를 청구할 수 있습니다.

※ 부속물의 해당 여부

부속물이란 건물에 부속된 물건으로 임차인의 소유에 속하고, 건물의 구성부분으로는 되지 아니한 것으로서 건물의 사용에 객관적인 편익을 가져오게 하는 물건입니다.

따라서 부속된 물건이 오로지 건물임차인의 특수한 목적에 사용하기 위하여 부속된 것일 때에는 부속물매수청구권의 대상이 되는 물건이라 할 수 없습니다(대법원 1991. 10. 8. 선고 91다8029 판결).

부속물에 해당하는지의 여부는 해당 건물 자체의 구조와 임대차계약 당시 당사자 사이에 합의된 사용목적, 그 밖에 건물의 위치, 주위환경 등 제반 사정을 참작하여 판단됩니다(대법원 1993. 10. 8. 선고 93다25738, 93다25745 판결).

부속물청구권을 인정한 사례

√ 임차인이 비디오테이프 대여점을 운영하면서 임대인 측의 묵시적 동의하에 유리 출입문, 새시 등 영업에 필요한 시설을 부속시킨 경우(대법원 1995. 6. 30. 선고 95다12927 판결)

부속물청구권을 부정한 사례

√ 임차인이 카페영업을 위해 시설공사를 하고, 카페의 규모를 확장하면서 내부 시설공사를 하거나 창고지붕의 보수공사를 한 경우(대법원 1991. 10. 8. 선고 91다8029 판결)

2) 부속물매수청구권의 행사

(1) 행사시기

부속물매수청구권은 임대차의 종료 이후라면 행사시기에 제한이 없습니다. 따라서 임대차가 종료하여 임차주택을 반환한 이후에도 매수청구권을 포기하지 않은 이상 부속물의 매수를 청구할 수 있습니다.

(2) 상대방

임차인은 부속물의 부속에 동의한 임대인은 물론, 임차권이 대항력이 있는 경우에는 그 임대인으로부터 임대인의 지위를 승계한 사람에게도 청구할 수 있습니다.

(3) 부속물매수청구권의 제한

임차인이 차임을 지급하지 않는 등 채무를 이행하지 않는 경우에는 임차인에게 부속물매수청구권이 인정되지 않습니다(대법원 1990. 1. 23. 선고 88다카7245, 88다카7252 판결).

3) 부속물매수청구권의 효과

- 임차인이 서면이나 구두로 부속물의 매수를 청구하면 임대인의 승낙을 기다릴 것 없이 곧바로 매매계약이 성립합니다. 이 경우 부속물의

매매대금은 그 매수청구권 행사 당시의 시가를 기준으로 산정됩니다 (대법원 1995. 6. 30. 선고 95다12927 판결).

- 부속물매수청구권에 관한 규정을 위반하는 약정으로서 임차인에게 불리한 것은 무효입니다.

3. 장기수선충당금의 반환 청구

1) 장기수선충당금

(1)장기수선충당금의 의의

"장기수선충당금"이란 300세대 이상의 아파트, 승강기가 설치된 아파트 또는 중앙집중식 난방방식의 아파트 등의 관리자가 장기수선계획에 따라 주요 시설의 교체 및 보수에 필요한 금액을 해당 주택의 소유자로부터 징수해 적립하는 것을 말합니다.

2) 장기수선충당금의 반환 청구

- 장기수선충담금은 아파트 등 공동주택의 주요시설의 보수 등을 위해 부과하는 관리비로서, 그 부담은 아파트 등 공동주택의 소유자가 부담해야 하나, 공동주택의 관리규약에 따라 임차인이 관리비와 함께 납부하는 것이 일반적입니다.
- 따라서 임차인이 아파트 등 공동주택을 사용·수익하는 동안에 납부한 장기수선충당금은 임대차 종료하는 때에 그 공동주택의 소유자에게 반환을 청구하여 돌려받을 수 있습니다.

장기수선충당금
Q. 아파트를 임대차하여 살고 있습니다. 매달 내고 있는 관리비에 장기수선충당금 항목이 있던데, 임차인인 제가 장기수선충당금을 내는 것이 맞는지 궁금합니다.
A. 장기수선충담금은 아파트와 같은 공동주택의 주요시설을 보수하기 위해 아파트 관리비로 내는 돈입니다. 따라서 소유자가 부담해야 하는 항목이지만 편의상 공동주택의 관리규약에 따라 임차인이 관리비와 함께 내고 있습니다. 이 돈은 임차인이 나중에 이사갈 때 집주인에게 반환을 청구하여 돌려받을 수 있습니다. ◇ 장기수선충당금 ☞ "장기수선충당금"이란 아파트와 같은 공동주택의 관리주체가 장기수선계획에 따라 공동주택의 주요시설의 교체 및 보수에 필요한 금액을 해당 공동주택의 소유자로부터 받아서 적립하는 돈을 말합니다.

부록 : 관련법령

- 주택임대차보호법
- 주택임대차보호법 시행령

주택임대차보호법 (약칭: 주택임대차법)

[시행 2020. 12. 10] [법률 제17363호, 2020. 6. 9, 일부개정]

제1조(목적) 이 법은 주거용 건물의 임대차(賃貸借)에 관하여 「민법」에 대한 특례를 규정함으로써 국민 주거생활의 안정을 보장함을 목적으로 한다.

[전문개정 2008. 3. 21.]

제2조(적용 범위) 이 법은 주거용 건물(이하 "주택"이라 한다)의 전부 또는 일부의 임대차에 관하여 적용한다. 그 임차주택(賃借住宅)의 일부가 주거 외의 목적으로 사용되는 경우에도 또한 같다.

[전문개정 2008. 3. 21.]

제3조(대항력 등) ① 임대차는 그 등기(登記)가 없는 경우에도 임차인(賃借人)이 주택의 인도(引渡)와 주민등록을 마친 때에는 그 다음 날부터 제삼자에 대하여 효력이 생긴다. 이 경우 전입신고를 한 때에 주민등록이 된 것으로 본다.

② 주택도시기금을 재원으로 하여 저소득층 무주택자에게 주거생활 안정을 목적으로 전세임대주택을 지원하는 법인이 주택을 임차한 후 지방자치단체의 장 또는 그 법인이 선정한 입주자가 그 주택을 인도받고 주민등록을 마쳤을 때에는 제1항을 준용한다. 이 경우 대항력이 인정되는 법인은 대통령령으로 정한다. <개정 2015. 1. 6.>

③ 「중소기업기본법」 제2조에 따른 중소기업에 해당하는 법인이 소속 직원의 주거용으로 주택을 임차한 후 그 법인이 선정한 직원이 해당 주택을 인도받고 주민등록을 마쳤을 때에는 제1항을 준용한다. 임대차가 끝나기 전에 그 직원이 변경된 경우에는 그 법인이 선정한 새로운 직원이 주택을 인도받고 주민등록을 마친 다음 날부터 제삼자에 대하여 효력이 생긴다. <신설 2013. 8. 13.>

④ 임차주택의 양수인(讓受人)(그 밖에 임대할 권리를 승계한 자를 포함한다)은 임대인(賃貸人)의 지위를 승계한 것으로 본다. <개정 2013. 8. 13.>

⑤ 이 법에 따라 임대차의 목적이 된 주택이 매매나 경매의 목적물이 된 경우에는 「민법」 제575조제1항·제3항 및 같은 법 제578조를 준용한다. <개정 2013. 8. 13.>

⑥ 제5항의 경우에는 동시이행의 항변권(抗辯權)에 관한 「민법」 제536조를 준용한다. <개정 2013. 8. 13.>

[전문개정 2008. 3. 21.]

제3조의2(보증금의 회수) ① 임차인(제3조제2항 및 제3항의 법인을 포함한다. 이하 같다)이 임차주택에 대하여 보증금반환청구소송의 확정판결이나 그 밖에 이에 준하는 집행권원(執行權原)에 따라서 경매를 신청하는 경우에는 집행개시(執行開始)요건에 관한 「민사집행법」 제41조에도 불구하고 반대의무(反對義務)의 이행이나 이행의 제공을 집행개시의 요건으로 하지 아니한다. <개정 2013. 8. 13.>

② 제3조제1항·제2항 또는 제3항의 대항요건(對抗要件)과 임대차계약증서(제3조제2항 및 제3항의 경우에는 법인과 임대인 사이의 임대차계약증서를 말한다)상의 확정일자(確定日字)를 갖춘 임차인은 「민사집행법」에 따른 경매 또는 「국세징수법」에 따른 공매(公賣)를 할 때에 임차주택(대지를 포함한다)의 환가대금(換價代金)에서 후순위권리자(後順位權利者)나 그 밖의 채권자보다 우선하여 보증금을 변제(辨濟)받을 권리가 있다. <개정 2013. 8. 13.>

③ 임차인은 임차주택을 양수인에게 인도하지 아니하면 제2항에 따른 보증금을 받을 수 없다.

④ 제2항 또는 제7항에 따른 우선변제의 순위와 보증금에 대하여 이의가 있는 이해관계인은 경매법원이나 체납처분청에 이의를 신청할 수 있다. <개정 2013. 8. 13.>

⑤ 제4항에 따라 경매법원에 이의를 신청하는 경우에는 「민사집행법」 제152조부터 제161조까지의 규정을 준용한다.

⑥ 제4항에 따라 이의신청을 받은 체납처분청은 이해관계인이 이의신청일부터 7일 이내에 임차인 또는 제7항에 따라 우선변제권을 승계한 금융기관 등을 상대로 소(訴)를 제기한 것을 증명하면 해당 소송이 끝날 때까지 이의가 신청된 범위에서 임차인 또는 제7항에 따라 우선변제권을 승계한 금융기관 등에 대한 보증금의 변제를 유보(留保)하고 남은 금액을 배분하여야 한다. 이 경우 유보된 보증금은 소송의 결과에 따라 배분한다. <개정 2013. 8. 13.>

⑦ 다음 각 호의 금융기관 등이 제2항, 제3조의3제5항, 제3조의4제1항에 따른 우선변제권을 취득한 임차인의 보증금반환채권을 계약으로 양수한 경우에는 양수한 금액의 범위에서 우선변제권을 승계한다. <신설 2013. 8. 13., 2015. 1. 6., 2016. 5. 29.>

1. 「은행법」에 따른 은행
2. 「중소기업은행법」에 따른 중소기업은행
3. 「한국산업은행법」에 따른 한국산업은행
4. 「농업협동조합법」에 따른 농협은행
5. 「수산업협동조합법」에 따른 수협은행
6. 「우체국예금·보험에 관한 법률」에 따른 체신관서
7. 「한국주택금융공사법」에 따른 한국주택금융공사
8. 「보험업법」 제4조제1항제2호라목의 보증보험을 보험종목으로 허가받은 보험회사
9. 「주택도시기금법」에 따른 주택도시보증공사
10. 그 밖에 제1호부터 제9호까지에 준하는 것으로서 대통령령으로 정하는 기관

⑧ 제7항에 따라 우선변제권을 승계한 금융기관 등(이하 "금융기관 등"이라 한다)은 다음 각 호의 어느 하나에 해당하는 경우에는 우선변제권을 행사할 수 없다. <신설 2013. 8. 13.>

1. 임차인이 제3조제1항·제2항 또는 제3항의 대항요건을 상실한 경우
2. 제3조의3제5항에 따른 임차권등기가 말소된 경우
3. 「민법」 제621조에 따른 임대차등기가 말소된 경우

⑨ 금융기관등은 우선변제권을 행사하기 위하여 임차인을 대리하거나 대위하여 임대차를 해지할 수 없다. <신설 2013. 8. 13.>

[전문개정 2008. 3. 21.]

제3조의3(임차권등기명령) ① 임대차가 끝난 후 보증금이 반환되지 아니한 경우 임차인은 임차주택의 소재지를 관할하는 지방법원·지방법원지원 또는 시·군 법원에 임차권등기명령을 신청할 수 있다. <개정 2013. 8. 13.>

② 임차권등기명령의 신청서에는 다음 각 호의 사항을 적어야 하며, 신청의 이유와 임차권등기의 원인이 된 사실을 소명(疎明)하여야 한다. <개정 2013. 8. 13.>

1. 신청의 취지 및 이유
2. 임대차의 목적인 주택(임대차의 목적이 주택의 일부분인 경우에는 해당 부분의 도면을 첨부한다)
3. 임차권등기의 원인이 된 사실(임차인이 제3조제1항·제2항 또는 제3항에 따른 대항력을 취득하였거나 제3조의2제2항에 따른 우선변제권을 취득한 경우에는 그 사실)
4. 그 밖에 대법원규칙으로 정하는 사항

③ 다음 각 호의 사항 등에 관하여는 「민사집행법」 제280조제1항, 제281조, 제283조, 제285조, 제286조, 제288조제1항·제2항 본문, 제289조, 제290조제2항 중 제288조제1항에 대한 부분, 제291조 및 제293조를 준용한다. 이 경우 "가압류"는 "임차권등기"로, "채권자"는 "임차인"으로, "채무자"는 "임대인"으로 본다.

1. 임차권등기명령의 신청에 대한 재판
2. 임차권등기명령의 결정에 대한 임대인의 이의신청 및 그에 대한 재판

3. 임차권등기명령의 취소신청 및 그에 대한 재판
4. 임차권등기명령의 집행
④ 임차권등기명령의 신청을 기각(棄却)하는 결정에 대하여 임차인은 항고(抗告)할 수 있다.
⑤ 임차인은 임차권등기명령의 집행에 따른 임차권등기를 마치면 제3조제1항·제2항 또는 제3항에 따른 대항력과 제3조의2제2항에 따른 우선변제권을 취득한다. 다만, 임차인이 임차권등기 이전에 이미 대항력이나 우선변제권을 취득한 경우에는 그 대항력이나 우선변제권은 그대로 유지되며, 임차권등기 이후에는 제3조제1항·제2항 또는 제3항의 대항요건을 상실하더라도 이미 취득한 대항력이나 우선변제권을 상실하지 아니한다. <개정 2013. 8. 13.>
⑥ 임차권등기명령의 집행에 따른 임차권등기가 끝난 주택(임대차의 목적이 주택의 일부분인 경우에는 해당 부분으로 한정한다)을 그 이후에 임차한 임차인은 제8조에 따른 우선변제를 받을 권리가 없다.
⑦ 임차권등기의 촉탁(囑託), 등기관의 임차권등기 기입(記入) 등 임차권등기명령을 시행하는 데에 필요한 사항은 대법원규칙으로 정한다. <개정 2011. 4. 12.>
⑧ 임차인은 제1항에 따른 임차권등기명령의 신청과 그에 따른 임차권등기와 관련하여 든 비용을 임대인에게 청구할 수 있다.
⑨ 금융기관등은 임차인을 대위하여 제1항의 임차권등기명령을 신청할 수 있다. 이 경우 제3항·제4항 및 제8항의 "임차인"은 "금융기관등"으로 본다. <신설 2013. 8. 13.>
[전문개정 2008. 3. 21.]

제3조의4(「민법」에 따른 주택임대차등기의 효력 등) ①「민법」제621조에 따른 주택임대차등기의 효력에 관하여는 제3조의3제5항 및 제6항을 준용한다.
② 임차인이 대항력이나 우선변제권을 갖추고「민법」제621조제1

항에 따라 임대인의 협력을 얻어 임대차등기를 신청하는 경우에는 신청서에 「부동산등기법」 제74조제1호부터 제6호까지의 사항 외에 다음 각 호의 사항을 적어야 하며, 이를 증명할 수 있는 서면(임대차의 목적이 주택의 일부분인 경우에는 해당 부분의 도면을 포함한다)을 첨부하여야 한다. <개정 2011. 4. 12., 2020. 2. 4.>

1. 주민등록을 마친 날
2. 임차주택을 점유(占有)한 날
3. 임대차계약증서상의 확정일자를 받은 날

[전문개정 2008. 3. 21.]

제3조의5(경매에 의한 임차권의 소멸) 임차권은 임차주택에 대하여 「민사집행법」에 따른 경매가 행하여진 경우에는 그 임차주택의 경락(競落)에 따라 소멸한다. 다만, 보증금이 모두 변제되지 아니한, 대항력이 있는 임차권은 그러하지 아니하다.

[전문개정 2008. 3. 21.]

제3조의6(확정일자 부여 및 임대차 정보제공 등) ① 제3조의2제2항의 확정일자는 주택 소재지의 읍·면사무소, 동 주민센터 또는 시(특별시·광역시·특별자치시는 제외하고, 특별자치도는 포함한다)·군·구(자치구를 말한다)의 출장소, 지방법원 및 그 지원과 등기소 또는「공증인법」에 따른 공증인(이하 이 조에서 "확정일자부여기관"이라 한다)이 부여한다.

② 확정일자부여기관은 해당 주택의 소재지, 확정일자 부여일, 차임 및 보증금 등을 기재한 확정일자부를 작성하여야 한다. 이 경우 전산처리정보조직을 이용할 수 있다.

③ 주택의 임대차에 이해관계가 있는 자는 확정일자부여기관에 해당 주택의 확정일자 부여일, 차임 및 보증금 등 정보의 제공을 요청할 수 있다. 이 경우 요청을 받은 확정일자부여기관은 정당한 사유 없이 이를 거부할 수 없다.

④ 임대차계약을 체결하려는 자는 임대인의 동의를 받아 확정일자부여기관에 제3항에 따른 정보제공을 요청할 수 있다.

⑤ 제1항·제3항 또는 제4항에 따라 확정일자를 부여받거나 정보를 제공받으려는 자는 수수료를 내야 한다.

⑥ 확정일자부에 기재하여야 할 사항, 주택의 임대차에 이해관계가 있는 자의 범위, 확정일자부여기관에 요청할 수 있는 정보의 범위 및 수수료, 그 밖에 확정일자부여사무와 정보제공 등에 필요한 사항은 대통령령 또는 대법원규칙으로 정한다.

[본조신설 2013. 8. 13.]

제4조(임대차기간 등) ① 기간을 정하지 아니하거나 2년 미만으로 정한 임대차는 그 기간을 2년으로 본다. 다만, 임차인은 2년 미만으로 정한 기간이 유효함을 주장할 수 있다.

② 임대차기간이 끝난 경우에도 임차인이 보증금을 반환받을 때까지는 임대차관계가 존속되는 것으로 본다.

[전문개정 2008. 3. 21.]

제5조 삭제 <1989. 12. 30.>

제6조(계약의 갱신) ① 임대인이 임대차기간이 끝나기 6개월 전부터 2개월 전까지의 기간에 임차인에게 갱신거절(更新拒絶)의 통지를 하지 아니하거나 계약조건을 변경하지 아니하면 갱신하지 아니한다는 뜻의 통지를 하지 아니한 경우에는 그 기간이 끝난 때에 전 임대차와 동일한 조건으로 다시 임대차한 것으로 본다. 임차인이 임대차기간이 끝나기 2개월 전까지 통지하지 아니한 경우에도 또한 같다. <개정 2020. 6. 9.>

② 제1항의 경우 임대차의 존속기간은 2년으로 본다. <개정 2009. 5. 8.>

③ 2기(期)의 차임액(借賃額)에 달하도록 연체하거나 그 밖에 임차인으로서의 의무를 현저히 위반한 임차인에 대하여는 제1항을 적용하지 아니한다.

[전문개정 2008. 3. 21.]

제6조의2(묵시적 갱신의 경우 계약의 해지) ① 제6조제1항에 따라 계약이 갱신된 경우 같은 조 제2항에도 불구하고 임차인은 언제든지 임대인에게 계약해지(契約解止)를 통지할 수 있다. <개정 2009. 5. 8.>

② 제1항에 따른 해지는 임대인이 그 통지를 받은 날부터 3개월이 지나면 그 효력이 발생한다.

[전문개정 2008. 3. 21.]

제6조의3(계약갱신 요구 등) ① 제6조에도 불구하고 임대인은 임차인이 제6조제1항 전단의 기간 이내에 계약갱신을 요구할 경우 정당한 사유 없이 거절하지 못한다. 다만, 다음 각 호의 어느 하나에 해당하는 경우에는 그러하지 아니하다.

1. 임차인이 2기의 차임액에 해당하는 금액에 이르도록 차임을 연체한 사실이 있는 경우
2. 임차인이 거짓이나 그 밖의 부정한 방법으로 임차한 경우
3. 서로 합의하여 임대인이 임차인에게 상당한 보상을 제공한 경우
4. 임차인이 임대인의 동의 없이 목적 주택의 전부 또는 일부를 전대(轉貸)한 경우
5. 임차인이 임차한 주택의 전부 또는 일부를 고의나 중대한 과실로 파손한 경우
6. 임차한 주택의 전부 또는 일부가 멸실되어 임대차의 목적을 달성하지 못할 경우
7. 임대인이 다음 각 목의 어느 하나에 해당하는 사유로 목적 주택의 전부 또는 대부분을 철거하거나 재건축하기 위하여 목적 주택의 점유를 회복할 필요가 있는 경우

   가. 임대차계약 체결 당시 공사시기 및 소요기간 등을 포함한 철거 또는 재건축 계획을 임차인에게 구체적으로 고지하고 그 계획에 따르는 경우

   나. 건물이 노후·훼손 또는 일부 멸실되는 등 안전사고의 우려가 있는 경우

다. 다른 법령에 따라 철거 또는 재건축이 이루어지는 경우
8. 임대인(임대인의 직계존속·직계비속을 포함한다)이 목적 주택에 실제 거주하려는 경우
9. 그 밖에 임차인이 임차인으로서의 의무를 현저히 위반하거나 임대차를 계속하기 어려운 중대한 사유가 있는 경우

② 임차인은 제1항에 따른 계약갱신요구권을 1회에 한하여 행사할 수 있다. 이 경우 갱신되는 임대차의 존속기간은 2년으로 본다.

③ 갱신되는 임대차는 전 임대차와 동일한 조건으로 다시 계약된 것으로 본다. 다만, 차임과 보증금은 제7조의 범위에서 증감할 수 있다.

④ 제1항에 따라 갱신되는 임대차의 해지에 관하여는 제6조의2를 준용한다.

⑤ 임대인이 제1항제8호의 사유로 갱신을 거절하였음에도 불구하고 갱신요구가 거절되지 아니하였더라면 갱신되었을 기간이 만료되기 전에 정당한 사유 없이 제3자에게 목적 주택을 임대한 경우 임대인은 갱신거절로 인하여 임차인이 입은 손해를 배상하여야 한다.

⑥ 제5항에 따른 손해배상액은 거절 당시 당사자 간에 손해배상액의 예정에 관한 합의가 이루어지지 않는 한 다음 각 호의 금액 중 큰 금액으로 한다.

1. 갱신거절 당시 월차임(차임 외에 보증금이 있는 경우에는 그 보증금을 제7조의2 각 호 중 낮은 비율에 따라 월 단위의 차임으로 전환한 금액을 포함한다. 이하 "환산월차임"이라 한다)의 3개월분에 해당하는 금액
2. 임대인이 제3자에게 임대하여 얻은 환산월차임과 갱신거절 당시 환산월차임 간 차액의 2년분에 해당하는 금액
3. 제1항제8호의 사유로 인한 갱신거절로 인하여 임차인이 입은 손해액

[본조신설 2020. 7. 31.]

제7조(차임 등의 증감청구권) ① 당사자는 약정한 차임이나 보증금이 임차주택에 관한 조세, 공과금, 그 밖의 부담의 증감이나 경제사정의 변동으로 인하여 적절하지 아니하게 된 때에는 장래에 대하여 그 증감을 청구할 수 있다. 이 경우 증액청구는 임대차계약 또는 약정한 차임이나 보증금의 증액이 있은 후 1년 이내에는 하지 못한다. <개정 2020. 7. 31.>

② 제1항에 따른 증액청구는 약정한 차임이나 보증금의 20분의 1의 금액을 초과하지 못한다. 다만, 특별시·광역시·특별자치시·도 및 특별자치도는 관할 구역 내의 지역별 임대차 시장 여건 등을 고려하여 본문의 범위에서 증액청구의 상한을 조례로 달리 정할 수 있다. <신설 2020. 7. 31.>

[전문개정 2008. 3. 21.]

제7조의2(월차임 전환 시 산정률의 제한) 보증금의 전부 또는 일부를 월 단위의 차임으로 전환하는 경우에는 그 전환되는 금액에 다음 각 호 중 낮은 비율을 곱한 월차임(月借賃)의 범위를 초과할 수 없다. <개정 2010. 5. 17., 2013. 8. 13., 2016. 5. 29.>

1. 「은행법」에 따른 은행에서 적용하는 대출금리와 해당 지역의 경제 여건 등을 고려하여 대통령령으로 정하는 비율
2. 한국은행에서 공시한 기준금리에 대통령령으로 정하는 이율을 더한 비율

[전문개정 2008. 3. 21.]

제8조(보증금 중 일정액의 보호) ① 임차인은 보증금 중 일정액을 다른 담보물권자(擔保物權者)보다 우선하여 변제받을 권리가 있다. 이 경우 임차인은 주택에 대한 경매신청의 등기 전에 제3조제1항의 요건을 갖추어야 한다.

② 제1항의 경우에는 제3조의2제4항부터 제6항까지의 규정을 준용한다.

③ 제1항에 따라 우선변제를 받을 임차인 및 보증금 중 일정액의 범위와 기준은 제8조의2에 따른 주택임대차위원회의 심의를 거쳐 대통령령으로 정한다. 다만, 보증금 중 일정액의 범위와 기준은 주택가액(대지의 가액을 포함한다)의 2분의 1을 넘지 못한다. <개정 2009. 5. 8.>

[전문개정 2008. 3. 21.]

제8조의2(주택임대차위원회) ① 제8조에 따라 우선변제를 받을 임차인 및 보증금 중 일정액의 범위와 기준을 심의하기 위하여 법무부에 주택임대차위원회(이하 "위원회"라 한다)를 둔다.

② 위원회는 위원장 1명을 포함한 9명 이상 15명 이하의 위원으로 성별을 고려하여 구성한다. <개정 2020. 7. 31.>

③ 위원회의 위원장은 법무부차관이 된다.

④ 위원회의 위원은 다음 각 호의 어느 하나에 해당하는 사람 중에서 위원장이 임명하거나 위촉하되, 제1호부터 제5호까지에 해당하는 위원을 각각 1명 이상 임명하거나 위촉하여야 하고, 위원 중 2분의 1 이상은 제1호·제2호 또는 제6호에 해당하는 사람을 위촉하여야 한다. <개정 2013. 3. 23., 2020. 7. 31.>

1. 법학·경제학 또는 부동산학 등을 전공하고 주택임대차 관련 전문지식을 갖춘 사람으로서 공인된 연구기관에서 조교수 이상 또는 이에 상당하는 직에 5년 이상 재직한 사람
2. 변호사·감정평가사·공인회계사·세무사 또는 공인중개사로서 5년 이상 해당 분야에서 종사하고 주택임대차 관련 업무경험이 풍부한 사람
3. 기획재정부에서 물가 관련 업무를 담당하는 고위공무원단에 속하는 공무원
4. 법무부에서 주택임대차 관련 업무를 담당하는 고위공무원단에 속하는 공무원(이에 상당하는 특정직 공무원을 포함한다)

5. 국토교통부에서 주택사업 또는 주거복지 관련 업무를 담당하는 고위공무원단에 속하는 공무원
6. 그 밖에 주택임대차 관련 학식과 경험이 풍부한 사람으로서 대통령령으로 정하는 사람

⑤ 그 밖에 위원회의 구성 및 운영 등에 필요한 사항은 대통령령으로 정한다.

[본조신설 2009. 5. 8.]

제9조(주택 임차권의 승계) ① 임차인이 상속인 없이 사망한 경우에는 그 주택에서 가정공동생활을 하던 사실상의 혼인 관계에 있는 자가 임차인의 권리와 의무를 승계한다.

② 임차인이 사망한 때에 사망 당시 상속인이 그 주택에서 가정공동생활을 하고 있지 아니한 경우에는 그 주택에서 가정공동생활을 하던 사실상의 혼인 관계에 있는 자와 2촌 이내의 친족이 공동으로 임차인의 권리와 의무를 승계한다.

③ 제1항과 제2항의 경우에 임차인이 사망한 후 1개월 이내에 임대인에게 제1항과 제2항에 따른 승계 대상자가 반대의사를 표시한 경우에는 그러하지 아니하다.

④ 제1항과 제2항의 경우에 임대차 관계에서 생긴 채권·채무는 임차인의 권리의무를 승계한 자에게 귀속된다.

[전문개정 2008. 3. 21.]

제10조(강행규정) 이 법에 위반된 약정(約定)으로서 임차인에게 불리한 것은 그 효력이 없다.

[전문개정 2008. 3. 21.]

제10조의2(초과 차임 등의 반환청구) 임차인이 제7조에 따른 증액비율을 초과하여 차임 또는 보증금을 지급하거나 제7조의2에 따른 월차임 산정률을 초과하여 차임을 지급한 경우에는 초과 지급된 차임 또는 보증금 상당금액의 반환을 청구할 수 있다.

[본조신설 2013. 8. 13.]

제11조(일시사용을 위한 임대차) 이 법은 일시사용하기 위한 임대차임이 명백한 경우에는 적용하지 아니한다.
[전문개정 2008. 3. 21.]

제12조(미등기 전세에의 준용) 주택의 등기를 하지 아니한 전세계약에 관하여는 이 법을 준용한다. 이 경우 "전세금"은 "임대차의 보증금"으로 본다.
[전문개정 2008. 3. 21.]

제13조(「소액사건심판법」의 준용) 임차인이 임대인에 대하여 제기하는 보증금반환청구소송에 관하여는 「소액사건심판법」 제6조, 제7조, 제10조 및 제11조의2를 준용한다.
[전문개정 2008. 3. 21.]

제14조(주택임대차분쟁조정위원회) ① 이 법의 적용을 받는 주택임대차와 관련된 분쟁을 심의·조정하기 위하여 대통령령으로 정하는 바에 따라 「법률구조법」 제8조에 따른 대한법률구조공단(이하 "공단"이라 한다)의 지부, 「한국토지주택공사법」에 따른 한국토지주택공사(이하 "공사"라 한다)의 지사 또는 사무소 및 「한국감정원법」에 따른 한국감정원(이하 "감정원"이라 한다)의 지사 또는 사무소에 주택임대차분쟁조정위원회(이하 "조정위원회"라 한다)를 둔다. 특별시·광역시·특별자치시·도 및 특별자치도(이하 "시·도"라 한다)는 그 지방자치단체의 실정을 고려하여 조정위원회를 둘 수 있다. <개정 2020. 7. 31.>
② 조정위원회는 다음 각 호의 사항을 심의·조정한다.
1. 차임 또는 보증금의 증감에 관한 분쟁
2. 임대차 기간에 관한 분쟁
3. 보증금 또는 임차주택의 반환에 관한 분쟁
4. 임차주택의 유지·수선 의무에 관한 분쟁
5. 그 밖에 대통령령으로 정하는 주택임대차에 관한 분쟁

③ 조정위원회의 사무를 처리하기 위하여 조정위원회에 사무국을 두고, 사무국의 조직 및 인력 등에 필요한 사항은 대통령령으로 정한다.
④ 사무국의 조정위원회 업무담당자는 「상가건물 임대차보호법」 제20조에 따른 상가건물임대차분쟁조정위원회 사무국의 업무를 제외하고 다른 직위의 업무를 겸직하여서는 아니 된다. <개정 2018. 10. 16.>
[본조신설 2016. 5. 29.]

제15조(예산의 지원) 국가는 조정위원회의 설치·운영에 필요한 예산을 지원할 수 있다.
[본조신설 2016. 5. 29.]

제16조(조정위원회의 구성 및 운영) ① 조정위원회는 위원장 1명을 포함하여 5명 이상 30명 이하의 위원으로 성별을 고려하여 구성한다. <개정 2020. 7. 31.>
② 조정위원회의 위원은 조정위원회를 두는 기관에 따라 공단 이사장, 공사 사장, 감정원 원장 또는 조정위원회를 둔 지방자치단체의 장이 각각 임명하거나 위촉한다. <개정 2020. 7. 31.>
③ 조정위원회의 위원은 주택임대차에 관한 학식과 경험이 풍부한 사람으로서 다음 각 호의 어느 하나에 해당하는 사람으로 한다. 이 경우 제1호부터 제4호까지에 해당하는 위원을 각 1명 이상 위촉하여야 하고, 위원 중 5분의 2 이상은 제2호에 해당하는 사람이어야 한다.
1. 법학·경제학 또는 부동산학 등을 전공하고 대학이나 공인된 연구기관에서 부교수 이상 또는 이에 상당하는 직에 재직한 사람
2. 판사·검사 또는 변호사로 6년 이상 재직한 사람
3. 감정평가사·공인회계사·법무사 또는 공인중개사로서 주택임대차 관계 업무에 6년 이상 종사한 사람
4. 「사회복지사업법」에 따른 사회복지법인과 그 밖의 비영리법인에서 주택임대차분쟁에 관한 상담에 6년 이상 종사한 경력이 있는 사람

5. 해당 지방자치단체에서 주택임대차 관련 업무를 담당하는 4급 이상의 공무원
6. 그 밖에 주택임대차 관련 학식과 경험이 풍부한 사람으로서 대통령령으로 정하는 사람

④ 조정위원회의 위원장은 제3항제2호에 해당하는 위원 중에서 위원들이 호선한다.

⑤ 조정위원회위원장은 조정위원회를 대표하여 그 직무를 총괄한다.

⑥ 조정위원회위원장이 부득이한 사유로 직무를 수행할 수 없는 경우에는 조정위원회위원장이 미리 지명한 조정위원이 그 직무를 대행한다.

⑦ 조정위원의 임기는 3년으로 하되 연임할 수 있으며, 보궐위원의 임기는 전임자의 남은 임기로 한다.

⑧ 조정위원회는 조정위원회위원장 또는 제3항제2호에 해당하는 조정위원 1명 이상을 포함한 재적위원 과반수의 출석과 출석위원 과반수의 찬성으로 의결한다.

⑨ 그 밖에 조정위원회의 설치, 구성 및 운영 등에 필요한 사항은 대통령령으로 정한다.

[본조신설 2016. 5. 29.]

제17조(조정부의 구성 및 운영) ① 조정위원회는 분쟁의 효율적 해결을 위하여 3명의 조정위원으로 구성된 조정부를 둘 수 있다.

② 조정부에는 제16조제3항제2호에 해당하는 사람이 1명 이상 포함되어야 하며, 그 중에서 조정위원회위원장이 조정부의 장을 지명한다.

③ 조정부는 다음 각 호의 사항을 심의·조정한다.

1. 제14조제2항에 따른 주택임대차분쟁 중 대통령령으로 정하는 금액 이하의 분쟁
2. 조정위원회가 사건을 특정하여 조정부에 심의·조정을 위임한 분쟁

④ 조정부는 조정부의 장을 포함한 재적위원 과반수의 출석과 출석위원 과반수의 찬성으로 의결한다.

⑤ 제4항에 따라 조정부가 내린 결정은 조정위원회가 결정한 것으로 본다.

⑥ 그 밖에 조정부의 설치, 구성 및 운영 등에 필요한 사항은 대통령령으로 정한다.

[본조신설 2016. 5. 29.]

第18조(조정위원의 결격사유) 「국가공무원법」 제33조 각 호의 어느 하나에 해당하는 사람은 조정위원이 될 수 없다.

[본조신설 2016. 5. 29.]

第19조(조정위원의 신분보장) ① 조정위원은 자신의 직무를 독립적으로 수행하고 주택임대차분쟁의 심리 및 판단에 관하여 어떠한 지시에도 구속되지 아니한다.

② 조정위원은 다음 각 호의 어느 하나에 해당하는 경우를 제외하고는 그 의사에 반하여 해임 또는 해촉되지 아니한다.

1. 제18조에 해당하는 경우
2. 신체상 또는 정신상의 장애로 직무를 수행할 수 없게 된 경우

[본조신설 2016. 5. 29.]

第20조(조정위원의 제척 등) ① 조정위원이 다음 각 호의 어느 하나에 해당하는 경우 그 직무의 집행에서 제척된다.

1. 조정위원 또는 그 배우자나 배우자이었던 사람이 해당 분쟁사건의 당사자가 되는 경우
2. 조정위원이 해당 분쟁사건의 당사자와 친족관계에 있거나 있었던 경우
3. 조정위원이 해당 분쟁사건에 관하여 진술, 감정 또는 법률자문을 한 경우
4. 조정위원이 해당 분쟁사건에 관하여 당사자의 대리인으로서 관여하거나 관여하였던 경우

② 사건을 담당한 조정위원에게 제척의 원인이 있는 경우에는 조정위원회는 직권 또는 당사자의 신청에 따라 제척의 결정을 한다.
③ 당사자는 사건을 담당한 조정위원에게 공정한 직무집행을 기대하기 어려운 사정이 있는 경우 조정위원회에 기피신청을 할 수 있다.
④ 기피신청에 관한 결정은 조정위원회가 하고, 해당 조정위원 및 당사자 쌍방은 그 결정에 불복하지 못한다.
⑤ 제3항에 따른 기피신청이 있는 때에는 조정위원회는 그 신청에 대한 결정이 있을 때까지 조정절차를 정지하여야 한다.
⑥ 조정위원은 제1항 또는 제3항에 해당하는 경우 조정위원회의 허가를 받지 아니하고 해당 분쟁사건의 직무집행에서 회피할 수 있다.
[본조신설 2016. 5. 29.]

제21조(조정의 신청 등) ① 제14조제2항 각 호의 어느 하나에 해당하는 주택임대차분쟁의 당사자는 해당 주택이 소재하는 지역을 관할하는 조정위원회에 분쟁의 조정을 신청할 수 있다. <개정 2020. 7. 31.>
② 조정위원회는 신청인이 조정을 신청할 때 조정 절차 및 조정의 효력 등 분쟁조정에 관하여 대통령령으로 정하는 사항을 안내하여야 한다.
③ 조정위원회의 위원장은 다음 각 호의 어느 하나에 해당하는 경우 신청을 각하한다. 이 경우 그 사유를 신청인에게 통지하여야 한다. <개정 2020. 6. 9.>

1. 이미 해당 분쟁조정사항에 대하여 법원에 소가 제기되거나 조정신청이 있은 후 소가 제기된 경우
2. 이미 해당 분쟁조정사항에 대하여 「민사조정법」에 따른 조정이 신청된 경우나 조정신청이 있은 후 같은 법에 따른 조정이 신청된 경우
3. 이미 해당 분쟁조정사항에 대하여 이 법에 따른 조정위원회에 조정이 신청된 경우나 조정신청이 있은 후 조정이 성립된 경우

4. 조정신청 자체로 주택임대차에 관한 분쟁이 아님이 명백한 경우
5. 피신청인이 조정절차에 응하지 아니한다는 의사를 통지한 경우
6. 신청인이 정당한 사유 없이 조사에 응하지 아니하거나 2회 이상 출석요구에 응하지 아니한 경우

[본조신설 2016. 5. 29.]

제22조(조정절차) ① 조정위원회의 위원장은 신청인으로부터 조정신청을 접수한 때에는 지체 없이 조정절차를 개시하여야 한다. <개정 2020. 6. 9.>

② 조정위원회의 위원장은 제1항에 따라 조정신청을 접수하면 피신청인에게 조정신청서를 송달하여야 한다. 이 경우 제21조제2항을 준용한다. <개정 2020. 6. 9.>

③ 조정서류의 송달 등 조정절차에 관하여 필요한 사항은 대통령령으로 정한다.

[본조신설 2016. 5. 29.]

제23조(처리기간) ① 조정위원회는 분쟁의 조정신청을 받은 날부터 60일 이내에 그 분쟁조정을 마쳐야 한다. 다만, 부득이한 사정이 있는 경우에는 조정위원회의 의결을 거쳐 30일의 범위에서 그 기간을 연장할 수 있다.

② 조정위원회는 제1항 단서에 따라 기간을 연장한 경우에는 기간 연장의 사유와 그 밖에 기간 연장에 관한 사항을 당사자에게 통보하여야 한다.

[본조신설 2016. 5. 29.]

제24조(조사 등) ① 조정위원회는 조정을 위하여 필요하다고 인정하는 경우 신청인, 피신청인, 분쟁 관련 이해관계인 또는 참고인에게 출석하여 진술하게 하거나 조정에 필요한 자료나 물건 등을 제출하도록 요구할 수 있다.

② 조정위원회는 조정을 위하여 필요하다고 인정하는 경우 조정위원 또는 사무국의 직원으로 하여금 조정 대상물 및 관련 자료에 대하여 조사하게 하거나 자료를 수집하게 할 수 있다. 이 경우 조정위원이나 사무국의 직원은 그 권한을 표시하는 증표를 지니고 이를 관계인에게 내보여야 한다.

③ 조정위원회위원장은 특별시장, 광역시장, 특별자치시장, 도지사 및 특별자치도지사(이하 "시·도지사"라 한다)에게 해당 조정업무에 참고하기 위하여 인근지역의 확정일자 자료, 보증금의 월차임 전환율 등 적정 수준의 임대료 산정을 위한 자료를 요청할 수 있다. 이 경우 시·도지사는 정당한 사유가 없으면 조정위원회위원장의 요청에 따라야 한다.

[본조신설 2016. 5. 29.]

第25조(조정을 하지 아니하는 결정) ① 조정위원회는 해당 분쟁이 그 성질상 조정을 하기에 적당하지 아니하다고 인정하거나 당사자가 부당한 목적으로 조정을 신청한 것으로 인정할 때에는 조정을 하지 아니할 수 있다.

② 조정위원회는 제1항에 따라 조정을 하지 아니하기로 결정하였을 때에는 그 사실을 당사자에게 통지하여야 한다.

[본조신설 2016. 5. 29.]

第26조(조정의 성립) ① 조정위원회가 조정안을 작성한 경우에는 그 조정안을 지체 없이 각 당사자에게 통지하여야 한다.

② 제1항에 따라 조정안을 통지받은 당사자가 통지받은 날부터 14일 이내에 수락의 의사를 서면으로 표시하지 아니한 경우에는 조정을 거부한 것으로 본다. <개정 2020. 6. 9.>

③ 제2항에 따라 각 당사자가 조정안을 수락한 경우에는 조정안과 동일한 내용의 합의가 성립된 것으로 본다.

④ 제3항에 따른 합의가 성립한 경우 조정위원회위원장은 조정안의 내용을 조정서로 작성한다. 조정위원회위원장은 각 당사자 간에 금전, 그 밖의 대체물의 지급 또는 부동산의 인도에 관하여 강제집행을 승낙하는 취지의 합의가 있는 경우에는 그 내용을 조정서에 기재하여야 한다.

[본조신설 2016. 5. 29.]

제27조(집행력의 부여) 제26조제4항 후단에 따라 강제집행을 승낙하는 취지의 내용이 기재된 조정서의 정본은 「민사집행법」 제56조에도 불구하고 집행력 있는 집행권원과 같은 효력을 가진다. 다만, 청구에 관한 이의의 주장에 대하여는 같은 법 제44조제2항을 적용하지 아니한다.

[본조신설 2016. 5. 29.]

제28조(비밀유지의무) 조정위원, 사무국의 직원 또는 그 직에 있었던 자는 다른 법률에 특별한 규정이 있는 경우를 제외하고는 직무상 알게 된 정보를 타인에게 누설하거나 직무상 목적 외에 사용하여서는 아니 된다.

[본조신설 2016. 5. 29.]

제29조(다른 법률의 준용) 조정위원회의 운영 및 조정절차에 관하여 이 법에서 규정하지 아니한 사항에 대하여는 「민사조정법」을 준용한다.

[본조신설 2016. 5. 29.]

제30조(주택임대차표준계약서 사용) 주택임대차계약을 서면으로 체결할 때에는 법무부장관이 국토교통부장관과 협의하여 정하는 주택임대차표준계약서를 우선적으로 사용한다. 다만, 당사자가 다른 서식을 사용하기로 합의한 경우에는 그러하지 아니하다. <개정 2020. 7. 31.>

[본조신설 2016. 5. 29.]

제31조(벌칙 적용에서 공무원 의제) 공무원이 아닌 주택임대차위원회의 위원 및 주택임대차분쟁조정위원회의 위원은 「형법」 제127조, 제129조부터 제132조까지의 규정을 적용할 때에는 공무원으로 본다.
[본조신설 2016. 5. 29.]

부칙

<제17470호, 2020. 7. 31.>

제1조(시행일) 이 법은 공포한 날부터 시행한다. 다만, 제8조의2제2항·제4항, 제14조제1항, 제16조제1항·제2항, 제21조제1항 및 제30조의 개정규정은 공포 후 3개월이 경과한 날부터 시행한다.

제2조(계약갱신 요구 등에 관한 적용례) ① 제6조의3 및 제7조의 개정규정은 이 법 시행 당시 존속 중인 임대차에 대하여도 적용한다.
② 제1항에도 불구하고 이 법 시행 전에 임대인이 갱신을 거절하고 제3자와 임대차계약을 체결한 경우에는 이를 적용하지 아니한다.

주택임대차보호법 시행령

[시행 2021. 4. 6] [대통령령 제31614호, 2021. 4. 6, 타법개정]

제1조(목적) 이 영은 「주택임대차보호법」에서 위임된 사항과 그 시행에 관하여 필요한 사항을 정함을 목적으로 한다.

[전문개정 2008. 8. 21.]

제2조(대항력이 인정되는 법인) 「주택임대차보호법」(이하 "법"이라 한다) 제3조제2항 후단에서 "대항력이 인정되는 법인"이란 다음 각 호의 법인을 말한다. <개정 2009. 9. 21., 2020. 9. 29.>

1. 「한국토지주택공사법」에 따른 한국토지주택공사(이하 "공사"라 한다)
2. 「지방공기업법」 제49조에 따라 주택사업을 목적으로 설립된 지방공사

[전문개정 2008. 8. 21.]

[제1조의2에서 이동, 종전 제2조는 제8조로 이동 <2013. 12. 30.>]

제2조의2

[제9조로 이동 <2013. 12. 30.>]

제3조(고유식별정보의 처리) 다음 각 호의 어느 하나에 해당하는 자는 법 제3조의6에 따른 확정일자 부여 및 임대차 정보제공 등에 관한 사무를 수행하기 위하여 불가피한 경우 「개인정보 보호법 시행령」 제19조제1호 및 제4호에 따른 주민등록번호 및 외국인등록번호를 처리할 수 있다. <개정 2016. 1. 22.>

1. 시장(「제주특별자치도 설치 및 국제자유도시 조성을 위한 특별법」 제11조에 따른 행정시장을 포함하며, 특별시장·광역시장·특별자치시장은 제외한다), 군수 또는 구청장(자치구의 구청장을 말한다)
2. 읍·면·동의 장
3. 「공증인법」에 따른 공증인

[전문개정 2013. 12. 30.]

[제1조의3에서 이동, 종전 제3조는 제10조로 이동 <2013. 12. 30.>]

제4조(확정일자부 기재사항 등) ① 법 제3조의6제1항에 따른 확정일자부여기관(지방법원 및 그 지원과 등기소는 제외하며, 이하 "확정일자부여기관"이라 한다)이 같은 조 제2항에 따라 작성하는 확정일자부에 기재하여야 할 사항은 다음 각 호와 같다.

1. 확정일자번호
2. 확정일자 부여일
3. 임대인・임차인의 인적사항
   가. 자연인인 경우
      성명, 주소, 주민등록번호(외국인은 외국인등록번호)
   나. 법인이거나 법인 아닌 단체인 경우
      법인명・단체명, 법인등록번호・부동산등기용등록번호, 본점・주사무소 소재지
4. 주택 소재지
5. 임대차 목적물
6. 임대차 기간
7. 차임・보증금
8. 신청인의 성명과 주민등록번호 앞 6자리(외국인은 외국인등록번호 앞 6자리)

② 확정일자는 확정일자번호, 확정일자 부여일 및 확정일자부여기관을 주택임대차계약증서에 표시하는 방법으로 부여한다.

③ 제1항 및 제2항에서 규정한 사항 외에 확정일자부 작성방법 및 확정일자 부여 시 확인사항 등 확정일자 부여 사무에 관하여 필요한 사항은 법무부령으로 정한다.

[본조신설 2013. 12. 30.]

[종전 제4조는 제11조로 이동 <2013. 12. 30.>]

제5조(주택의 임대차에 이해관계가 있는 자의 범위) 법 제3조의6제3항에 따라 정보제공을 요청할 수 있는 주택의 임대차에 이해관계가 있는 자(이하 "이해관계인"이라 한다)는 다음 각 호의 어느 하나에 해당하는 자로 한다. <개정 2020. 9. 29.>

1. 해당 주택의 임대인·임차인
2. 해당 주택의 소유자
3. 해당 주택 또는 그 대지의 등기기록에 기록된 권리자 중 법무부령으로 정하는 자
4. 법 제3조의2제7항에 따라 우선변제권을 승계한 금융기관
5. 법 제6조의3제1항제8호의 사유로 계약의 갱신이 거절된 임대차계약의 임차인이었던 자
6. 제1호부터 제5호까지의 규정에 준하는 지위 또는 권리를 가지는 자로서 법무부령으로 정하는 자

[본조신설 2013. 12. 30.]

[종전 제5조는 제12조로 이동 <2013. 12. 30.>]

제6조(요청할 수 있는 정보의 범위 및 제공방법) ① 제5조제1호 또는 제5호에 해당하는 자는 법 제3조의6제3항에 따라 확정일자부여기관에 해당 임대차계약(제5조제5호에 해당하는 자의 경우에는 갱신요구가 거절되지 않았더라면 갱신되었을 기간 중에 존속하는 임대차계약을 말한다)에 관한 다음 각 호의 사항의 열람 또는 그 내용을 기록한 서면의 교부를 요청할 수 있다. <개정 2020. 9. 29.>

1. 임대차목적물
2. 임대인·임차인의 인적사항(제5조제5호에 해당하는 자는 임대인·임차인의 성명, 법인명 또는 단체명으로 한정한다)
3. 확정일자 부여일
4. 차임·보증금
5. 임대차기간

② 제5조제2호부터 제4호까지 또는 제6호의 어느 하나에 해당하는 자이거나 임대차계약을 체결하려는 자는 법 제3조의6제3항 또는 제4항에 따라 확정일자부여기관에 다음 각 호의 사항의 열람 또는 그 내용을 기록한 서면의 교부를 요청할 수 있다. <개정 2020. 9. 29.>

1. 임대차목적물

2. 확정일자 부여일

3. 차임 · 보증금

4. 임대차기간

③ 제1항 및 제2항에서 규정한 사항 외에 정보제공 요청에 필요한 사항은 법무부령으로 정한다.

[본조신설 2013. 12. 30.]

[종전 제6조는 제13조로 이동 <2013. 12. 30.>]

제7조(수수료) ① 법 제3조의6제5항에 따라 확정일자부여기관에 내야 하는 수수료는 확정일자 부여에 관한 수수료와 정보제공에 관한 수수료로 구분하며, 그 구체적인 금액은 법무부령으로 정한다.

② 「국민기초생활 보장법」에 따른 수급자 등 법무부령으로 정하는 사람에 대해서는 제1항에 따른 수수료를 면제할 수 있다.

[본조신설 2013. 12. 30.]

[종전 제7조는 제14조로 이동 <2013. 12. 30.>]

제8조(차임 등 증액청구의 기준 등) ① 법 제7조에 따른 차임이나 보증금(이하 "차임등"이라 한다)의 증액청구는 약정한 차임등의 20분의 1의 금액을 초과하지 못한다.

② 제1항에 따른 증액청구는 임대차계약 또는 약정한 차임등의 증액이 있은 후 1년 이내에는 하지 못한다.

[전문개정 2008. 8. 21.]

[제2조에서 이동, 종전 제8조는 제15조로 이동 <2013. 12. 30.>]

제9조(월차임 전환 시 산정률) ① 법 제7조의2제1호에서 "대통령령으로 정하는 비율"이란 연 1할을 말한다.

② 법 제7조의2제2호에서 "대통령령으로 정하는 이율"이란 연 2퍼센트를 말한다. <개정 2016. 11. 29., 2020. 9. 29.>

[전문개정 2013. 12. 30.]

[제2조의2에서 이동, 종전 제9조는 제16조로 이동 <2013. 12. 30.>]

제10조(보증금 중 일정액의 범위 등) ① 법 제8조에 따라 우선변제를 받을 보증금 중 일정액의 범위는 다음 각 호의 구분에 의한 금액 이하로 한다. <개정 2010. 7. 21., 2013. 12. 30., 2016. 3. 31., 2018. 9. 18.>

1. 서울특별시: 3천700만원
2. 「수도권정비계획법」에 따른 과밀억제권역(서울특별시는 제외한다), 세종특별자치시, 용인시 및 화성시: 3천400만원
3. 광역시(「수도권정비계획법」에 따른 과밀억제권역에 포함된 지역과 군지역은 제외한다), 안산시, 김포시, 광주시 및 파주시: 2천만원
4. 그 밖의 지역: 1천700만원

② 임차인의 보증금 중 일정액이 주택가액의 2분의 1을 초과하는 경우에는 주택가액의 2분의 1에 해당하는 금액까지만 우선변제권이 있다.

③ 하나의 주택에 임차인이 2명 이상이고, 그 각 보증금 중 일정액을 모두 합한 금액이 주택가액의 2분의 1을 초과하는 경우에는 그 각 보증금 중 일정액을 모두 합한 금액에 대한 각 임차인의 보증금 중 일정액의 비율로 그 주택가액의 2분의 1에 해당하는 금액을 분할한 금액을 각 임차인의 보증금 중 일정액으로 본다.

④ 하나의 주택에 임차인이 2명 이상이고 이들이 그 주택에서 가정공동생활을 하는 경우에는 이들을 1명의 임차인으로 보아 이들의 각 보증금을 합산한다.

[전문개정 2008. 8. 21.]

[제3조에서 이동, 종전 제10조는 제17조로 이동 <2013. 12. 30.>]

제11조(우선변제를 받을 임차인의 범위) 법 제8조에 따라 우선변제를 받을 임차인은 보증금이 다음 각 호의 구분에 의한 금액 이하인 임차인으로 한다. <개정 2010. 7. 21., 2013. 12. 30., 2016. 3. 31., 2018. 9. 18.>

1. 서울특별시: 1억1천만원

2. 「수도권정비계획법」에 따른 과밀억제권역(서울특별시는 제외한다), 세종특별자치시, 용인시 및 화성시: 1억원
3. 광역시(「수도권정비계획법」에 따른 과밀억제권역에 포함된 지역과 군지역은 제외한다), 안산시, 김포시, 광주시 및 파주시: 6천만원
4. 그 밖의 지역: 5천만원

[전문개정 2008. 8. 21.]

[제4조에서 이동, 종전 제11조는 제18조로 이동 <2013. 12. 30.>]

제12조(주택임대차위원회의 구성) 법 제8조의2제4항제6호에서 "대통령령으로 정하는 사람"이란 다음 각 호의 어느 하나에 해당하는 사람을 말한다. <개정 2017. 5. 29.>

1. 특별시·광역시·특별자치시·도 및 특별자치도(이하 "시·도"라 한다)에서 주택정책 또는 부동산 관련 업무를 담당하는 주무부서의 실·국장
2. 법무사로서 5년 이상 해당 분야에서 종사하고 주택임대차 관련 업무 경험이 풍부한 사람

[본조신설 2009. 7. 30.]

[제5조에서 이동, 종전 제12조는 제19조로 이동 <2013. 12. 30.>]

제13조(위원의 임기 등) ① 법 제8조의2에 따른 주택임대차위원회(이하 "위원회"라 한다)의 위원의 임기는 2년으로 하되, 한 차례만 연임할 수 있다. 다만, 공무원인 위원의 임기는 그 직위에 재직하는 기간으로 한다. <개정 2016. 3. 31.>

② 위원장은 위촉된 위원이 다음 각 호의 어느 하나에 해당하는 경우에는 해당 위원을 해촉할 수 있다. <개정 2016. 3. 31.>

1. 심신장애로 인하여 직무를 수행할 수 없게 된 경우
2. 직무와 관련한 형사사건으로 기소된 경우
3. 직무태만, 품위손상, 그 밖의 사유로 인하여 위원으로 적합하지 아니하다고 인정되는 경우

4. 위원 스스로 직무를 수행하는 것이 곤란하다고 의사를 밝히는 경우

[본조신설 2009. 7. 30.]

[제6조에서 이동, 종전 제13조는 제20조로 이동 <2013. 12. 30.>]

第14조(위원장의 직무) ① 위원장은 위원회를 대표하고, 위원회의 업무를 총괄한다.

② 위원장이 부득이한 사유로 인하여 직무를 수행할 수 없을 때에는 위원장이 미리 지명한 위원이 그 직무를 대행한다.

[본조신설 2009. 7. 30.]

[제7조에서 이동 <2013. 12. 30.>]

第15조(간사) ① 위원회에 간사 1명을 두되, 간사는 주택임대차 관련 업무에 종사하는 법무부 소속의 고위공무원단에 속하는 일반직 공무원(이에 상당하는 특정직·별정직 공무원을 포함한다) 중에서 위원회의 위원장이 지명한다.

② 간사는 위원회의 운영을 지원하고, 위원회의 회의에 관한 기록과 그 밖에 서류의 작성과 보관에 관한 사무를 처리한다.

③ 간사는 위원회에 참석하여 심의사항을 설명하거나 그 밖에 필요한 발언을 할 수 있다.

[본조신설 2009. 7. 30.]

[제8조에서 이동 <2013. 12. 30.>]

第16조(위원회의 회의) ① 위원회의 회의는 매년 1회 개최되는 정기회의와 위원장이 필요하다고 인정하거나 위원 3분의 1 이상이 요구할 경우에 개최되는 임시회의로 구분하여 운영한다.

② 위원장은 위원회의 회의를 소집하고, 그 의장이 된다.

③ 위원회의 회의는 재적위원 과반수의 출석으로 개의하고, 출석위원 과반수의 찬성으로 의결한다.

④ 위원회의 회의는 비공개로 한다.

⑤ 위원장은 위원이 아닌 자를 회의에 참석하게 하여 의견을 듣거나 관계 기관·단체 등에게 필요한 자료, 의견 제출 등 협조를 요청할 수 있다.

[본조신설 2009. 7. 30.]

[제9조에서 이동 <2013. 12. 30.>]

제17조(실무위원회) ① 위원회에서 심의할 안건의 협의를 효율적으로 지원하기 위하여 위원회에 실무위원회를 둔다.

② 실무위원회는 다음 각 호의 사항을 협의·조정한다.

1. 심의안건 및 이와 관련하여 위원회가 위임한 사항
2. 그 밖에 위원장 및 위원이 실무협의를 요구하는 사항

③ 실무위원회의 위원장은 위원회의 간사가 되고, 실무위원회의 위원은 다음 각 호의 사람 중에서 그 소속기관의 장이 지명하는 사람으로 한다. <개정 2013. 3. 23.>

1. 기획재정부에서 물가 관련 업무를 담당하는 5급 이상의 국가공무원
2. 법무부에서 주택임대차 관련 업무를 담당하는 5급 이상의 국가공무원
3. 국토교통부에서 주택사업 또는 주거복지 관련 업무를 담당하는 5급 이상의 국가공무원
4. 시·도에서 주택정책 또는 부동산 관련 업무를 담당하는 5급 이상의 지방공무원

[본조신설 2009. 7. 30.]

[제10조에서 이동 <2013. 12. 30.>]

제18조(전문위원) ① 위원회의 심의사항에 관한 전문적인 조사·연구 업무를 수행하기 위하여 5명 이내의 전문위원을 둘 수 있다.

② 전문위원은 법학, 경제학 또는 부동산학 등에 학식과 경험을 갖춘 사람 중에서 법무부장관이 위촉하고, 임기는 2년으로 한다.

[본조신설 2009. 7. 30.]

[제11조에서 이동 <2013. 12. 30.>]

第19조(수당) 위원회 또는 실무위원회 위원에 대해서는 예산의 범위에서 수당을 지급할 수 있다. 다만, 공무원인 위원이 그 소관 업무와 직접적으로 관련되어 위원회에 출석하는 경우에는 그러하지 아니하다.

[본조신설 2009. 7. 30.]

[제12조에서 이동 <2013. 12. 30.>]

第20조(운영세칙) 이 영에서 규정한 사항 외에 위원회의 운영에 필요한 사항은 법무부장관이 정한다.

[본조신설 2009. 7. 30.]

[제13조에서 이동 <2013. 12. 30.>]

第21조(주택임대차분쟁조정위원회의 설치) 법 제14조제1항에 따른 주택임대차분쟁조정위원회(이하 "조정위원회"라 한다)를 두는 「법률구조법」 제8조에 따른 대한법률구조공단(이하 "공단"이라 한다), 공사 및 「한국부동산원법」에 따른 한국부동산원(이하 "부동산원"이라 한다)의 지부, 지사 또는 사무소와 그 관할구역은 별표 1과 같다. <개정 2020. 12. 8.>

[전문개정 2020. 9. 29.]

第22조(조정위원회의 심의·조정 사항) 법 제14조제2항제5호에서 "대통령령으로 정하는 주택임대차에 관한 분쟁"이란 다음 각 호의 분쟁을 말한다.

1. 임대차계약의 이행 및 임대차계약 내용의 해석에 관한 분쟁
2. 임대차계약 갱신 및 종료에 관한 분쟁
3. 임대차계약의 불이행 등에 따른 손해배상청구에 관한 분쟁
4. 공인중개사 보수 등 비용부담에 관한 분쟁
5. 주택임대차표준계약서 사용에 관한 분쟁
6. 그 밖에 제1호부터 제5호까지의 규정에 준하는 분쟁으로서 조정위원회의 위원장(이하 "위원장"이라 한다)이 조정이 필요하다고 인정하는 분쟁

[본조신설 2017. 5. 29.]

제23조(공단의 지부 등에 두는 조정위원회 사무국) ① 법 제14조제3항에 따라 공단, 공사 및 부동산원의 지부, 지사 또는 사무소에 두는 조정위원회 사무국(이하 "사무국"이라 한다)에는 사무국장 1명을 두며, 사무국장 밑에 심사관 및 조사관을 둔다. <개정 2020. 9. 29., 2020. 12. 8.>

② 사무국장은 공단 이사장, 공사 사장 및 부동산원 원장이 각각 임명하며, 조정위원회의 위원(이하 "조정위원"이라 한다)을 겸직할 수 있다. <개정 2020. 9. 29., 2020. 12. 8.>

③ 심사관 및 조사관은 공단 이사장, 공사 사장 및 부동산원 원장이 각각 임명한다. <개정 2020. 9. 29., 2020. 12. 8.>

④ 사무국장은 사무국의 업무를 총괄하고, 소속 직원을 지휘·감독한다.

⑤ 심사관은 다음 각 호의 업무를 담당한다.

1. 분쟁조정신청 사건에 대한 쟁점정리 및 법률적 검토
2. 조사관이 담당하는 업무에 대한 지휘·감독
3. 그 밖에 위원장이 조정위원회의 사무 처리를 위하여 필요하다고 인정하는 업무

⑥ 조사관은 다음 각 호의 업무를 담당한다.

1. 조정신청의 접수
2. 분쟁조정 신청에 관한 민원의 안내
3. 조정당사자에 대한 송달 및 통지
4. 분쟁의 조정에 필요한 사실조사
5. 그 밖에 위원장이 조정위원회의 사무 처리를 위하여 필요하다고 인정하는 업무

⑦ 사무국장 및 심사관은 변호사의 자격이 있는 사람으로 한다.

[본조신설 2017. 5. 29.]

[제목개정 2020. 9. 29.]

第24条(시·도의 조정위원회 사무국) 시·도가 법 제14조제1항 후단에 따라 조정위원회를 두는 경우 사무국의 조직 및 운영 등에 관한 사항은 그 지방자치단체의 실정을 고려하여 해당 시·도 조례로 정한다. <개정 2020. 9. 29.>

[본조신설 2017. 5. 29.]

第25条(조정위원회 구성) 법 제16조제3항제6호에서 "대통령령으로 정하는 사람"이란 세무사·주택관리사·건축사로서 주택임대차 관계 업무에 6년 이상 종사한 사람을 말한다.

[본조신설 2017. 5. 29.]

第26条(조정위원회 운영) ① 조정위원회는 효율적인 운영을 위하여 필요한 경우에는 분쟁조정사건을 분리하거나 병합하여 심의·조정할 수 있다. 이 경우 당사자에게 지체 없이 그 사실을 통보하여야 한다.

② 조정위원회 회의는 공개하지 아니한다. 다만, 필요하다고 인정되는 경우에는 조정위원회의 의결로 당사자 또는 이해관계인에게 방청을 허가할 수 있다.

③ 조정위원회에 간사를 두며, 사무국의 직원 중에서 위원장이 지명한다.

④ 조정위원회는 회의록을 작성하고, 참여한 조정위원으로 하여금 서명 또는 기명날인하게 하여야 한다.

[본조신설 2017. 5. 29.]

第27条(조정위원에 대한 수당 등) 조정위원회 또는 조정부에 출석한 조정위원에 대해서는 예산의 범위에서 수당, 여비 및 그 밖에 필요한 경비를 지급할 수 있다.

[본조신설 2017. 5. 29.]

第28条(조정부에서 심의·조정할 사항) 법 제17조제3항제1호에서 "대통령령으로 정하는 금액 이하의 분쟁"이란 다음 각 호의 어느 하나에 해당하는 분쟁을 말한다.

1. 임대차계약의 보증금이 다음 각 목에서 정하는 금액 이하의 분쟁
   가. 「수도권정비계획법」 제2조제1호에 따른 수도권 지역: 5억원
   나. 가목에 따른 지역 외의 지역: 3억원
2. 조정으로 주장하는 이익의 값(이하 “조정목적의 값”이라 한다)이 2억원 이하인 분쟁. 이 경우 조정목적의 값 산정은 「민사소송 등 인지법」 에 따른 소송목적의 값에 관한 산정 방식을 준용한다.

[본조신설 2017. 5. 29.]

제29조(조정부의 구성 및 운영) ① 조정부의 위원은 조정위원 중에서 위원장이 지명한다.

② 둘 이상의 조정부를 두는 경우에는 위원장이 분쟁조정 신청사건을 담당할 조정부를 지정할 수 있다.

③ 조정부의 운영에 관하여는 제26조를 준용한다. 이 경우 “조정위원회”는 “조정부”로, “위원장”은 “조정부의 장”으로 본다.

[본조신설 2017. 5. 29.]

제30조(조정의 신청) ① 조정의 신청은 서면(「전자문서 및 전자거래 기본법」 제2조제1호에 따른 전자문서를 포함한다. 이하 같다) 또는 구두로 할 수 있다.

② 구두로 조정을 신청하는 경우 조정신청인은 심사관 또는 조사관에게 진술하여야 한다. 이 경우 조정신청을 받은 심사관 또는 조사관은 조정신청조서를 작성하고 신청인으로 하여금 서명 또는 기명날인하도록 하여야 한다.

③ 조정신청서 또는 조정신청조서에는 당사자, 대리인, 신청의 취지와 분쟁의 내용 등을 기재하여야 한다. 이 경우 증거서류 또는 증거물이 있는 경우에는 이를 첨부하거나 제출하여야 한다.

[본조신설 2017. 5. 29.]

제31조(조정신청인에게 안내하여야 할 사항) ① 법 제21조제2항에서 “대통령령으로 정하는 사항”이란 다음 각 호의 사항을 말한다.

1. 법 제21조제3항 각 호에 따른 조정 신청의 각하 사유
2. 법 제22조제2항에 따른 조정절차의 개시 요건
3. 법 제23조의 처리기간
4. 법 제24조에 따라 필요한 경우 신청인, 피신청인, 분쟁 관련 이해관계인 또는 참고인에게 출석하여 진술하게 하거나 필요한 자료나 물건 등의 제출을 요구할 수 있다는 사실
5. 조정성립의 요건 및 효력
6. 당사자가 부담하는 비용

② 제1항에 따른 안내는 안내할 사항이 기재된 서면을 교부 또는 송달하는 방법으로 할 수 있다.

[본조신설 2017. 5. 29.]

제32조(조정서류의 송달 등) ① 위원장은 조정신청을 접수하면 지체 없이 조정신청서 또는 조정신청조서 부본(이하 이 조에서 "조정신청서등"이라 한다)을 피신청인에게 송달하여야 한다.

② 피신청인은 조정에 응할 의사가 있는 경우에는 조정신청서등을 송달받은 날부터 7일 이내에 그 의사를 조정위원회에 통지하여야 한다.

③ 위원장은 제2항에 따른 통지를 받은 경우 피신청인에게 기간을 정하여 신청내용에 대한 답변서를 제출할 것을 요구할 수 있다.

[본조신설 2017. 5. 29.]

제33조(수수료) ① 법 제21조제1항에 따라 조정을 신청하는 자는 별표 2에서 정하는 수수료를 내야 한다.

② 신청인이 다음 각 호의 어느 하나에 해당하는 경우에는 제1항에 따른 수수료를 면제할 수 있다. <개정 2020. 9. 29., 2021. 4. 6.>

1. 법 제8조에 따라 우선변제를 받을 수 있는 임차인
2. 「국민기초생활 보장법」 제2조제2호에 따른 수급자
3. 「독립유공자예우에 관한 법률」 제6조에 따라 등록된 독립유공자 또는 그 유족(선순위자 1명만 해당된다. 이하 이 조에서 같다)
4. 「국가유공자 등 예우 및 지원에 관한 법률」 제6조에 따라 등록된 국가유공자 또는 그 유족

5. 「고엽제후유의증 등 환자지원 및 단체설립에 관한 법률」 제4조에 따라 등록된 고엽제후유증환자, 고엽제후유의증환자 또는 고엽제후유증 2세환자
6. 「참전유공자 예우 및 단체설립에 관한 법률」 제5조에 따라 등록된 참전유공자
7. 「5·18민주유공자예우 및 단체설립에 관한 법률」 제7조에 따라 등록 결정된 5·18민주유공자 또는 그 유족
8. 「특수임무유공자 예우 및 단체설립에 관한 법률」 제6조에 따라 등록된 특수임무유공자 또는 그 유족
9. 「의사상자 등 예우 및 지원에 관한 법률」 제5조에 따라 인정된 의상자 또는 의사자유족
10. 「한부모가족지원법」 제5조에 따른 지원대상자
11. 그 밖에 제1호부터 제10호까지의 규정에 준하는 사람으로서 법무부장관과 국토교통부장관이 공동으로 정하여 고시하는 사람 또는 시·도 조례로 정하는 사람

③ 신청인은 다음 각 호의 어느 하나에 해당하는 경우에는 수수료의 환급을 청구할 수 있다.

1. 법 제21조제3항제1호 및 제2호에 따라 조정신청이 각하된 경우. 다만, 조정신청 있은 후 신청인이 법원에 소를 제기하거나 「민사조정법」에 따른 조정을 신청한 경우는 제외한다.
2. 법 제21조제3항제3호 및 제5호에 따라 조정신청이 각하된 경우
3. 신청인이 조정위원회 또는 조정부의 회의가 소집되기 전에 조정신청을 취하한 경우. 이 경우 환급 금액은 납부한 수수료의 2분의 1에 해당하는 금액으로 한다.

④ 제1항에 따른 수수료의 납부방법 및 제3항에 따른 수수료의 환급절차 등에 관하여 필요한 사항은 법무부장관과 국토교통부장관이 공동으로 정하여 고시하거나 시·도의 조례로 정한다. <개정 2020. 9. 29.>

[본조신설 2017. 5. 29.]

제34조(조정서의 작성) 법 제26조제4항에 따른 조정서에는 다음 각 호의 사항을 기재하고, 위원장 및 조정에 참여한 조정위원이 서명 또는 기명날인하여야 한다.

1. 사건번호 및 사건명
2. 당사자의 성명, 생년월일 및 주소(법인의 경우 명칭, 법인등록번호 및 본점의 소재지를 말한다)
3. 임차주택 소재지
4. 신청의 취지 및 이유
5. 조정내용(법 제26조제4항에 따라 강제집행을 승낙하는 취지의 합의를 포함한다)
6. 작성일

[본조신설 2017. 5. 29.]

제35조(조정결과의 통지) ① 조정위원회는 조정절차가 종료되면 그 결과를 당사자에게 통지하여야 한다.

② 조정위원회는 법 제26조제4항에 따른 조정서가 작성된 경우 조정서 정본을 지체 없이 당사자에게 교부 또는 송달하여야 한다.

[본조신설 2017. 5. 29.]

부칙

<제31614호, 2021. 4. 6.>

(5 · 18민주유공자예우 및 단체설립에 관한 법률 시행령)

제1조(시행일) 이 영은 2021년 4월 6일부터 시행한다.

제2조(다른 법령의 개정) ①부터 ㉚까지 생략

㉛ 주택임대차보호법 시행령 일부를 다음과 같이 개정한다.

제33조제2항제7호 중 "「5 · 18민주유공자예우에 관한 법률」"을 "「5 · 18민주유공자예우 및 단체설립에 관한 법률」"로 한다.

㉜부터 ㊱까지 생략

제3조 생략

■ **편 저 김 용 환** ■

•대한실무법률편찬연구회 회장

•전(前) 서울지방법원민사과장
•전(前) 고등법원종합민원실장
•저서 : 부동산등기실무
건설토지실무 총서
주택임대차 법대로 해결하기(공저)
임대차 3법(공저)

(임대차 3법을 반영한!)
주택임대차 계약에서 종료까지

초판 1쇄 인쇄 2021년 7월 10일
초판 1쇄 발행 2021년 7월 15일

편 저 김용환
발행인 김현호
발행처 법문북스
공급처 법률미디어

주소 서울 구로구 경인로 54길4(구로동 636-62)
전화 02)2636-2911~2, 팩스 02)2636-3012
홈페이지 www.lawb.co.kr

등록일자 1979년 8월 27일
등록번호 제5-22호

ISBN 978-89-7535-956-9 (93360)
정가 18,000원

세입자와 집주인을 위한 구체적인 질의응답을 통해
주택임대차의 계약부터 종료까지 쉽게 전달해주는 책

〈임대차 3법 - 세입자 질문〉

- 집주인이 계약갱신요구권을 거절할 수도 있나요?
- 집주인이 거짓으로 계약갱신요구권을 거절하면 어떻게 하나요?
- 집주인이 임대료 인상을 요구하면 무조건 올려줘야 하나요?
- 집주인이 전세 계약을 월세 계약으로 바꾸자고 해요
- 집주인이 전월세 상한제를 초과하는 금액으로 임대료를 올리자고 해요

〈임대차 3법 - 집주인 질문〉

- 세입자와 임대 보증금 등 계약 조건에 대한 합의가 잘 되지 않아요
- 전세계약을 월세계약으로 바꾸고 싶어요.
- 집을 팔려고 하는데 세입자가 계약갱신요구권을 쓴다면?
- 세입자가 있는 집을 매매할 때 주의해야 할 점은?
- 직접 거주를 이유로 갱신요구를 거절 후 새로운 세입자를 받아도 되나요?

93360
9 788975 359569
ISBN 978-89-7535-956-9
18,000원